Fuhrmann · Antike Rhetorik

Artemis Einführungen

Band 10

Herausgegeben von
Peter Brang
Willi Erzgräber
Hans Fromm
Manfred Fuhrmann
Walter Hinck
Ulrich Mölk
Klaus von See

Die antike Rhetorik

Eine Einführung
von Manfred Fuhrmann

ARTEMIS VERLAG
MÜNCHEN UND ZÜRICH

Umschlagbild: Demosthenes
(Photo: Museum für Abgüsse klassischer Bildwerke, München)

Füg' ich mich, lass' ich Dich ungenannt? Dann
Überleg' ich mir, wie ich Dich trotzdem
Rühmen kann – sieh, wo Du Dich versteckt hältst!
Es sei Dein, dies Büchlein, es verdankt Dir
Viel – gefällt es Dir, erkennst Du's wieder?
Als ich's schrieb, hast Du mich stets geleitet!

CIP-Kurztitelaufnahme der Deutschen Bibliothek

Fuhrmann, Manfred:
Die antike Rhetorik : e. Einf.
von Manfred Fuhrmann.
2., durchges. Auflage
München ; Zürich : Artemis-Verlag, 1987.
(Artemis-Einführungen ; Bd. 10)
ISBN 3-7608-1304-6

NE: GT

Zweite, durchgesehene Auflage
 Satz: Uhl + Massopust, Aalen
Druck und Bindung: Pustet, Regensburg
Printed in Germany

VORWORT

Diese neue Einführung in die antike Rhetorik möchte eine Lücke schließen: die zur Zeit verbreiteten einführenden Werke pflegen die Theorie der Rede von der Antike bis zur Gegenwart zu behandeln, und sie pflegen sich hierbei auf den stilistisch-literarischen Aspekt zu beschränken. Demgegenüber ist der Rahmen der vorliegenden Einführung zeitlich enger, jedoch stofflich weiter gefaßt: es geht nur um die Antike, aber um die ganze Antike – juristische Fallbehandlung und Argumentationstechnik sind ebenso berücksichtigt wie Aufbau und Stil. Der erste Teil gibt einen Überblick über die Entwicklung der Rhetorik von den Anfängen bis Quintilian, nicht ohne Einbeziehung der jeweiligen politisch-gesellschaftlichen Verhältnisse. Der zweite Teil bringt einen Querschnitt durchs ausgebildete rhetorische System, wobei er die Vielfalt der Vorschriften aus den Bedingungen und Zwecken der öffentlichen Rede abzuleiten sucht.

Das Werk ist für alle bestimmt, die sich einen ersten Überblick über die antike Rhetorik zu verschaffen wünschen. Das Gebot der Kürze sowie die entschiedene Absicht, die großen Linien deutlich hervortreten zu lassen, erzwang den Verzicht auf mancherlei Detail – hierfür sei auf die umfänglichen Darstellungen verwiesen. Griechischkenntnisse sind nicht erforderlich; die lateinischen Beispiele werden stets auch in deutscher Übersetzung vorgeführt.

INHALT

EINLEITUNG

Gegenstand dieser Betrachtungen ist die Theorie der Beredsamkeit, wie sie in der griechisch-römischen Antike als wichtiger Bestandteil des öffentlichen Lebens und des Bildungswesens existiert hat: über ein knappes Jahrtausend hinweg, von den Ursprüngen während der Blütezeit der attischen Demokratie (5./4. Jh. v. Chr.) bis zur Einverleibung in den Kanon des spätantiken Schulbetriebes, in das System der *artes liberales*.

Gegenstand dieser Betrachtungen ist also nicht die praktische Beredsamkeit der Antike, wie die Hinterlassenschaft des Demosthenes und der übrigen attischen Redner des 5. und 4. Jahrhunderts v. Chr., wie das rednerische Oeuvre Ciceros und die Panegyrik der römischen Kaiserzeit, es sei denn als Beispiel, zur Illustration einer Regel oder eines Kunstgriffs – obwohl die Theorie der Beredsamkeit einerseits aus der Praxis abgeleitet worden war und andererseits der Praxis dienen sollte, indem sie sich anheischig machte, dem angehenden Politiker und Advokaten zur Kunst der erfolgreichen Rede zu verhelfen.

Der Rhetorikunterricht – von dem die Theorie, der Vortrag des Lehrers, ein Teil war, und die Übungen der Schüler ein anderer – wurde im allgemeinen nicht von denselben Leuten ausgeübt wie die praktische Beredsamkeit: der Rhetoriklehrer, der Rhetor, hatte sein Wirkungsfeld in der Schulstube, wie der Philologe oder der Philosoph; der Redner hingegen stand mitten im öffentlichen Leben, vor der Volksversammlung oder vor Gericht. Immerhin gab es mitunter Überschneidungen: der Rhetor konnte durch Festreden in die Öffentlichkeit wirken – wie Isokrates; der Redner konnte durch persönliche Neigung und extreme, praktischer Beredsamkeit hinderliche politische Verhältnisse dazu gebracht werden, die Theorie der Rede zu pflegen – wie Cicero.

Die Rhetorik ist in zweifacher Hinsicht eine formale Disziplin:
Sie befaßt sich einmal mit den sprachlichen Formen (den klanglich-rhythmischen, den semantischen und den syntaktischen Mitteln) einer über die Alltagskonversation hinausragenden Kunstprosa.
Sie befaßt sich zum anderen mit den logischen Formen (den die Wahrheit zu Tage fördernden oder verschleiernden Strukturen) einer möglichst überzeugenden Argumentationstechnik.

Die Rhetorik ist durch diesen zwiefachen Inbegriff formaler Regeln und Prozeduren einerseits mit der Poetik, andererseits mit der Logik oder Dialektik verwandt: mit der Poetik teilt sie sich in die Stilistik, mit der Logik in die Lehre vom Beweisverfahren, vom Schluß (Syllogismus).

Die Poetik befaßt sich allerdings seit ihrem Schöpfer Aristoteles nicht nur mit dem Stil, der sprachlichen Oberfläche, sondern auch und vor allem mit der Handlungsstruktur des poetischen Werks sowie mit dessen Verhältnis zur Wirklichkeit. Der Rhetorik hingegen sind diese Gebiete fremd. Denn im Unterschied zum Dichter findet der Redner seinen Stoff – eine politische Situation, eine bestimmte Prozeßlage – bereits fertig vor; er braucht seinen Stoff nicht zu erfinden, er muß in ihm lediglich die für die eigene Sache zuträglichsten Argumente ausfindig machen.

Auch die Logik befaßt sich, und zwar ebenfalls seit ihrem Schöpfer Aristoteles, nicht nur mit Syllogismen, sondern auch mit Begriffen und Begriffspyramiden sowie mit wahren und falschen Urteilen. Andererseits begnügt sie sich bei den Schlüssen mit der Untersuchung der Struktur und der Frage nach der Richtigkeit und Gültigkeit; ein wesentlicher Gesichtspunkt der rhetorischen Schlußlehre – wie man seinen Argumenten eine möglichst bündige, einprägsame, überzeugende sprachliche Form geben kann – bleibt für sie außer Betracht.

Die Antike hat keine allgemeine Theorie der literarischen Prosa und der Prosaliteratur hervorgebracht; hier diente die Rhetorik als pars pro toto. Die fiktionale Prosa – der Roman, die Novelle – kam als Subliteratur am allerwenigsten für irgendwelche theoretischen Bemühungen in Betracht. Doch auch die ›anerkannten‹ Gattungen der nicht-fiktionalen Prosa – die philosophische Literatur, die Geschichtsschreibung, das fachwissenschaftliche Lehrbuch, der Brief – wurden lediglich durch die Imitation der je geeigneten Muster tradiert, nicht auch durch einen Inbegriff von Anweisungen. Die Ausnahmen hiervon – bescheidene Ansätze zur Theorie der Geschichtsschreibung und des Briefes – bestätigen die Regel: sie verhehlen nicht, daß sie ein Abklatsch rhetorischer Lehren sind, mehr oder minder geschickt auf verwandte Gattungen appliziert.

Die antike Rhetorik hat nicht nur formale Fertigkeiten vermittelt, sondern auch Sachkenntnisse. Man könnte diese Kenntnisse auf die Formel ›Einführung ins öffentliche Leben‹ bringen; sie bestanden aus Regeln für die Lenkung und Beeinflussung von Menschen, aus elementaren Betrachtungen über Staat und Gesellschaft und zumal aus Grundbegriffen des Straf- und Zivilrechts nebst einer juristischen Auslegungslehre. Auch die nationale Geschichte, bisweilen sogar der Mythos, hatte im Rhetorikunterricht – nicht anders als in der rednerischen Praxis – einen festen Platz: von dorther holte man sich das je erforderliche Anschauungsmaterial, die anspornenden oder abschreckenden Vorbilder.

Die Verbindung von formalen Anforderungen und Sachwissen war der Rhetorik von Anfang an eigentümlich; sie erklärt sich aus den Bedingungen des Ursprungs. Die Rhetorik war nämlich das Lieblingskind der Sophistik, der großen griechischen Aufklärungsbewegung des 5. und 4. Jahrhunderts v. Chr.; sie ist aus den durch diese

Bewegung wachgerufenen Bedürfnissen hervorgegangen. Das überkommene Adelsregiment, das auf ehrwürdigen, nie kritisch befragten Traditionen beruht hatte, vermochte sich – jedenfalls in Athen – nicht länger zu behaupten. Die neue, auf eine immer reinere Form der Demokratie zustrebende Entwicklung bedingte, daß sich ein neuer Typ des Politikers mehr und mehr Geltung verschaffte, und die Repräsentanten dieses Typs mußten, wenn sie sich im Kampf der Meinungen behaupten wollten, mit neuen, für die Beherrschung von Massen geeigneten Waffen gerüstet sein: mit eben jener Mischung von formalen und sachlichen Gegebenheiten, welche die Redelehrer vermittelten.

Die antike Rhetorik hat sich von Anfang an nicht darin erschöpft, eine Schule für angehende Politiker zu sein. Die Griechen haben, wie auf vielen Gebieten des geistigen, kulturellen und wirtschaftlichen Lebens, so auch auf dem Felde der Redekunst in mehrfacher Hinsicht über die unmittelbaren Zwecke und Bedürfnisse hinausgedacht; manches wurde um ästhetischer oder logischer Einsichten willen, anderes wegen seiner pädagogisch-moralischen Bedeutung intensiver studiert und eingeübt, als für Politik und Rechtsprechung erforderlich gewesen wäre. Aristoteles z. B. legte in seiner »Rhetorik« eine gründliche, eher von wissenschaftlichem als von praktischem Interesse geleitete Analyse der Formen rhetorischer Beweise vor; Isokrates wiederum erhoffte sich von seiner ›Philosophie‹ (wie er seine rhetorische Doktrin nannte) eine charakter- und persönlichkeitsprägende Wirkung. Derlei Überschüsse machen begreiflich, daß der Rhetorikunterricht die Bedingungen seiner Entstehung – Staatswesen, in denen eine Vielzahl von Bürgern an der politischen Willensbildung beteiligt war – mühelos zu überleben vermochte: daß er sich im monarchischen System des hellenistischen Zeitalters und dann wieder unter dem Regiment der römischen Kaiser, als eine wahrhaft politische Verwendung der Redekunst nicht mehr in Betracht kam, in ein überwiegend literarisch orientiertes Vehikel der Allgemeinbildung verwandelte.

Das Wort *ῥήτωρ* (rhḗtōr) ist ein Erzeugnis der demokratischen Bewegung. Es bezeichnet von Hause aus den Sprecher, den Antragsteller in der Volksversammlung, und da es sich hierbei um einen bestimmten Kreis von Leuten zu handeln pflegte, wurde alsbald eine Art Berufsbezeichnung daraus (etwa »Volksredner«), bisweilen mit pejorativem Beigeschmack – wer gewandt zu reden wußte, stieß zumal bei einfachen Leuten rasch auf Mißtrauen. Im Sinne von ›Lehrer der Beredsamkeit‹ findet sich *ῥήτωρ* erst spät, im Hellenismus und in der Kaiserzeit. Bis dahin hieß der Angehörige dieses Berufs gewöhnlich *σοφιστής* (sophistḗs): so hatte man ursprünglich jeden genannt, der eine bestimmte Kunst ausübte, und vor allem den Gelehrten, den Gebildeten; seit dem 5. Jahrhundert v. Chr. engte sich das Wort auf Leute ein, die gegen Entgelt Unterricht in Rhetorik und Verwandtem erteilten, auf die ›Sophisten‹. Der Ausdruck *ῥητορικὴ τέχνη* (rhētorikḗ téchnē) wird zum ersten Male von Platon bezeugt (Gorgias 449 c u. ö.): er bezeichnet die Kunst, die Theorie der Beredsamkeit.

Der Schriftsteller Cornelius Nepos hat sich die Freiheit genommen, das Wort *rhetor* einmal in der ursprünglichen griechischen Bedeutung ›Redner‹ (*orator*) zu verwenden (Epaminondas 6,3); im übrigen ist hiermit bei den Römern stets der Lehrer der Beredsamkeit, der *dicendi magister,* gemeint. Die Redekunst, die Theorie der Beredsamkeit heißt in der lateinischen Literatur *ars rhetorica* oder *ars oratoria*.

Über das Wesen der Rhetorik – ob es sich bei ihr um eine Wissenschaft, um eine Kunst oder lediglich um Routine handele – hat man sich während der ganzen Antike nicht einigen können: sie wurde wegen des problematischen Verhältnisses, das die öffentliche Rede zur Wahrheit hat, von philosophischer Seite immer wieder abschätzig beurteilt und entsprechend niedrig eingestuft.

Der locus classicus für diesen recht fruchtlosen Meinungsstreit ist der platonische Dialog »Gorgias« (453a ff., 462b ff.). Dort bezeichnet die Titelfigur, der Sophist und Redelehrer Gorgias, die Rhetorik als Kunst (*τέχνη* / téchnē), d. h. als einen Inbegriff lehr- und tradierbarer Regeln, und zwar als formale, zu beliebigen Reden befähigende Kunst – wenn jemand diese Kunst mißbrauche, dann dürfe ihr selbst daraus kein Vorwurf gemacht werden. Hiergegen läßt Platon den Mitunterredner Sokrates einwenden, daß die Rhetorik nur eine auf Erfahrung beruhende Fertigkeit sei, die kein wirkliches Wissen von ihren Gegenständen habe. Anders urteilte schon Aristoteles: er bestimmte die Rhetorik als *τέχνη*, als formale Disziplin, als Schwester der Logik oder Dialektik; sie sei zwar keine Wissenschaft, da sie nicht auf untrügliches Wissen, sondern nur auf ein mehr oder minder treffsicheres Meinen ziele, finde jedoch bei verschiedenen Wissenschaften Anwendung (Rhetorik 1,1). Die Stoiker endlich fanden sich sogar bereit, der Rhetorik den Rang einer Wissenschaft (*ἐπιστήμη*, epistḗmē) zuzuerkennen.

An Definitionen der Rhetorik ist kein Mangel; offenbar hat gerade dieses Problem die Lehrer der Beredsamkeit immer wieder gereizt. Bei näherem Hinsehen wird man indes gewahr, daß sich die bunte Vielfalt der einschlägigen Versuche zwei Gruppen zuordnen läßt. Die Definitionen, die der ersten Gruppe angehören, suchen die Rhetorik von ihrem Zweck her in den Griff zu bekommen; sie sind stärker formal orientiert und sehen davon ab, vom Redner eine bestimmte moralische Beschaffenheit zu fordern und ihm irgendwelche Beschränkungen in der Wahl seiner Mittel aufzuerlegen. Die kürzeste Fassung dieses Typs charakterisiert die Rhetorik als *πειθοῦς δημιουργός* (peithū́s dēmiurgós), als »Erzeugerin von Überredung«, wobei man beachten muß, daß das Griechische zwischen ›überreden‹ und ›überzeugen‹ nicht unterscheidet – das Verb πείθειν (peíthein) dient zur Bezeichnung von beidem. Diese Definition soll auf die ältesten Redelehrer, von denen man weiß, auf die Syrakusaner Korax und Teisias (1. Hälfte des 5. Jh. v. Chr.) zurückgehen; Platon legt sie Gorgias in den Mund (Gorgias 453a), und laut Quintilian stammt sie von Isokrates (2,15,4). Eine Variante hierzu erklärt die Rhetorik zu »einer Art Seelenleitung durch Worte« (Platon, Phaidros 261a), und Theodektes, ein Freund des Aristoteles, soll sie als die Kunst bestimmt haben, »die Menschen durch Reden zu dem zu bringen, was der Redner will« (Quintilian 2,15,10). Vorsichtiger und insoweit besser äußerte sich Aristoteles: die Rhetorik sei das Vermögen, bei jedem Gegenstand das Überzeugende zu erkennen (Rhetorik 1,2). Er bemerkt hierzu, auch von der Medizin dürfe man nicht verlangen, daß sie in jedem Falle die Gesundheit wiederherstelle, sondern lediglich, daß sie alles Menschenmögliche zur Wiederherstellung der Gesundheit unternehme – weder der Redner noch der Arzt müssen unbedingt immer Erfolg haben, und jemand ist schon dann ein guter Redner, wenn er sich nichts hat entgehen lassen, was die Sache zu seinen Gunsten hergab. Diese Definition hat freilich eine Schwäche; sie besteht darin, daß sie sich auf das Herausfinden von Argumenten beschränkt und hierüber die stilistische Ausarbeitung vernachlässigt.

Die Definitionen der zweiten Gruppe hingegen verlangen vom Redner mehr oder minder ausdrücklich gewisse moralische Qualifikationen, womit sie ihm zugleich Beschränkungen in der Wahl seiner Mittel auferlegen. Dieser Typus, der eine hemmungslos demagogische Meinungsmache von wahrer Beredsamkeit ausgeschlossen wissen wollte, wurde charakteristischerweise von der Stoa und von den Römern propagiert: sowohl die Stoa als auch die Römer waren ja entschieden moralistisch orientiert. Die Stoiker lehrten, die Rhetorik sei »die Wissenschaft, gut zu reden«, wobei sie mit ›gut‹ nicht nur auf einen ästhetischen und intellektuellen, sondern auch auf einen moralischen Maßstab zielten. Dem älteren Cato wiederum wollte man eine Definition zu verdanken haben, die es in Rom zu einiger Berühmtheit brachte: der Redner sei ein *vir bonus dicendi peritus,* »ein Ehrenmann, der gut zu reden weiß.« Quintilian, der diese Bestimmung übernimmt (der Redner dürfe ja seine Fähigkeit nicht zu moralisch verwerflichen Dingen mißbrauchen; 12,1,1), stimmt zugleich den Stoikern zu: *rhetoricen esse bene dicendi scientiam;* wirklich gut reden könne nur ein guter Mensch (2,15,34).

I. TEIL

Die Geschichte der griechisch-römischen Rhetorik

1. Die Herausforderung der Sophisten

Gorgias, Antiphon, Isokrates, Anaximenes

Praktische Beredsamkeit hat es bei den Griechen seit eh und je gegeben, und schon die frühesten überlieferten Beispiele zeigen eine große Meisterschaft in der Erfindung von Argumenten und in der Kunst der treffenden Formulierung. Auch die Einrichtungen, in denen sich die öffentliche Beredsamkeit entfaltete, waren, zumindest in Ansätzen, von Anfang an vorhanden: schon Homer kannte die Beratung der führenden Männer, die Gerichtsverhandlung, die Heeres- und Volksversammlung. Da überdies die homerische Dichtung schon vieles von dem praktizierte, was die spätere Theorie auf Regeln brachte (z. B. auf dem Gebiet der Figurenlehre), erblickten die Rhetoren nicht ganz ohne Grund in Homer den Schöpfer der Redekunst und in seinen Werken eine Fundgrube für Beispiele.

Es bedurfte allerdings noch weiterer Entwicklungen für eine reflektiert geübte Beredsamkeit, insbesondere des Aufkommens der Demokratie mit all jenen Problemen, die durch die große Zahl der an den Entscheidungen Beteiligten bedingt sind. Aus der Volksversammlung als der Instanz, die souverän über die gesamte Innen- und Außenpolitik befand, ging alsbald der eine Hauptzweig der öffentlichen Beredsamkeit, die politische Ansprache, hervor. Zumal die attische Demokratie brachte indes auch Anknüpfungspunkte für die beiden anderen Hauptzweige mit sich: für das Plädoyer vor Gericht und für den Festvortrag. Die attischen Volksgerichte waren mit großen Mengen von Geschworenen, durchweg Laienrichtern, die das Los bestimmte, besetzt: je nach Bedeutung des Falles mit 201, 401 oder 501 Bürgern; in Athen bestand also Anlaß genug, in Prozessen ebensoviel rednerische Bravour zu zeigen wie in der politischen Versammlung. Und für festliche Ansprachen gab das Totengedenken Gelegenheit: die im Kriege Gefallenen pflegten öffentlich bestattet zu werden, ein Akt, der mit einer Leichenrede, gehalten von einem eigens hierzu bestellten Bürger, verbunden war.

Athen hat gleichwohl die kunstmäßig betriebene Beredsamkeit nicht selbst hervorgebracht; der Anstoß hierzu kam von außerhalb, aus Sizilien, dem griechischen Kolonialgebiet, das sich, während das Mutterland unter den Perserkriegen litt, einer besonderen Blüte erfreute. Die fast einhellige Überlieferung weiß die beiden Syrakusaner Teisias und Korax als die Begründer der Rhetorik namhaft zu machen, womit man freilich kaum mehr anfangen kann als mit der berühmten Nachricht von Thespis, dem angeblichen Schöpfer der Tragödie. Immerhin schreiben Platon und Aristoteles übereinstimmend (und dieses Detail verdient Glauben, im Unterschied zu dem Wust der Behauptungen Späterer), daß sich die sizilische Urrhetorik mit dem Wahrscheinlichkeitsschluß – modern ausgedrückt: mit dem Indizienbeweis – befaßt habe, und sie führen beide zur Illustration denselben exemplarischen Fall vor (Phaidros 272 c ff.; Rhetorik 2,24 a. E.):

> Ein Schwächling, der keine Furcht kennt, hat einen starken Mann, ein Hasenherz, beraubt; es kommt zur Verhandlung. Keiner sagt die Wahrheit; beide tragen eine für sie günstige und zugleich wahrscheinliche Konstruktion des Hergangs vor: der Kläger behauptet, um nicht seine Feigheit eingestehen zu müssen, der Angeklagte habe Komplizen gehabt; der Angeklagte bestreitet dies und erklärt, er allein habe die Tat, schmächtig wie er sei, gar nicht ausführen können.

Die Theorie vom Wahrscheinlichen blieb stets ein wichtiger Bestandteil der rhetorischen Beweislehre, und auch das Spitzfindige und Konstruierte dieses frühen Falles nimmt einen Zug vorweg, den die antike Rhetorik stets behalten hat.

Während Teisias und Korax im Nebel verschwinden, hat die Überlieferung von einem dritten Sizilier, von Gorgias aus Leontinoi (etwa 480–380 v. Chr.), deutliche Kunde bewahrt; von ihm sind, als erstem Lehrer der Beredsamkeit, sogar Schriften erhalten. Er kam im Jahre 427 v. Chr., zu Beginn des peloponnesischen Krieges, als Gesandter seiner Heimatstadt nach Athen; er machte, wie es in einer Quelle heißt (Diodor 12,53,3), durch die Fremdartigkeit seiner Ausdrucksweise auf die Athener, die als gescheite Leute viel Freude an Reden hatten, großen Eindruck. Er war Sophist, Repräsentant jener Bildungsbewegung, die den Mythos durch den Logos, die Tradition durch die Vernunft zu ersetzen suchte.

Die Ordnung, welche die Sophistik vorfand, die archaische Kultur, beruhte auf einem Regiment des Adels, das nach überkommenen Normen ausgeübt wurde; ihr wichtigstes Merkmal war das religiös-mythische Weltbild, der ungebrochene Glaube an eine Vielzahl außermenschlicher Mächte. Diese durch die unangefochtene Autorität der Tradition bestimmte Kultur war ein gesamtgriechisches, von Kleinasien bis Süditalien sich erstreckendes Phänomen; sie wurde vor allem durch die Dichtungen Homers, ferner durch kultische Institutionen wie die olympischen Wettkämpfe zusammengehalten.

Auch die Sophisten waren von Anfang an ein gesamtgriechisches Phänomen; sie zogen, hierin die Erben der Rhapsoden, der homerischen Sänger, von Stadt zu Stadt, ihre Lehren zu verkünden; sie verstanden sich zuallererst als Erzieher, als Vermittler einer neuen Bildung; sie wollten ihren Schülern zu erfolgreichem politischen Handeln verhelfen und boten ihnen zu diesem Zweck einen Inbegriff von Sachwissen sowie zwei Methoden an, die ihr Durchsetzungsvermögen steigern sollten: die Dialektik oder Disputierkunst, die Rhetorik oder die Kunst der sorgsam vorbereiteten zusammenhängenden Rede.

Die sophistische Bildung hatte bei aller Vielfalt der Bestrebungen einen Generalnenner: sie nahm die gesamte Kultur – die Sprache, die Religion, den Staat, die Moral, das Recht, die Gesellschaft – nicht mehr einfach als gegebene Tatsache, sondern suchte sie zum Gegenstand der Reflexion und Kritik zu machen. Hierbei ging man teils empiristisch vor, d. h. man beobachtete, wie verschieden Götterkult, Sitte und staatliches Leben bei den verschiedenen Völkern beschaffen waren. Von hier aus gelangte man rasch zu der relativistischen Auffassung, daß es bei der Vielfalt der Normen unmöglich sei, bestimmte Normen für unbedingt verbindlich zu erklären. Oder man argumentierte rationalistisch, d. h. man maß die Gegebenheiten der Wirklichkeit an konstruierten Normen, an einem überhistorischen Ideal, z. B. das je nach Zeit und Ort differierende positive Recht am sogenannten Naturrecht oder die bezeichnende Funktion der Sprache an der angeblichen Beschaffenheit der bezeichneten Sachen. Hierbei vermied man zwar die Schwierigkeiten des Relativismus; dafür stand man vor der nicht minder bedrängenden Frage, wie man jene konstruierten Normen begründen solle.

Alle bedeutenden Sophisten bemühten sich um die Sprache und die Rede, allerdings auf je verschiedene Weise. Protagoras hatte die Devise »Die schwächere Sache zur stärkeren machen« auf den Schild gehoben; er begründete die Dialektik und wies zudem – durch die Klassifikation von Satztypen (wie Wunsch, Befehl usw.), durch die Entdeckung der drei grammatischen Geschlechter usw. – der Sprachanalyse den Weg. Prodikos wiederum nahm sich der sinnverwandten Begriffe an, er betrieb Synonymik, und Hippias, der Mann, der sich bei einmaligem Hören bis zu fünfzig Namen einprägen konnte, scheint die Mnemotechnik, das rationale Gedächtnistraining erfunden zu haben.

Gorgias, der sophistische Rhetor par excellence, unterschied sich von allen seinen Zeitgenossen auf das bestimmteste dadurch, daß er sich der sinnlichen Seite der Sprache annahm, der irrationalen Wirkungen, die sich durch Rhythmus und Klang erzielen lassen. Er hat die Kunstprosa geschaffen, er war der Begründer der rhetorischen Stilistik. Seine Entdeckungen und Erfolge brachten ihn zu der Überzeugung, daß die Macht der Rede keine Grenzen kenne und bei richtiger Handhabung schlechthin alles durchzusetzen vermöge. Sein formales Bildungsziel respektierte nur eine sittliche Schranke, das Gewaltverbot; im übrigen hielt er jedes Mittel der Täuschung und Betörung für erlaubt, da ja – wie sein extremer erkenntnistheoretischer Relativismus ihn glauben machte – nicht Wahrheit und Wissen, sondern Schein und Meinung die fundamentalen Gegebenheiten der menschlichen Existenz seien.

Zwei vollständig erhaltene Reden wurden offenbar als Muster für den rhetorischen Unterricht ersonnen: sie behandeln mythische Stoffe und sollen durch die Art der Behandlung dartun, welche Möglichkeiten dem souveränen Redner zu Gebote stehen. Zumal die »Helena« zeichnet sich durch Kühnheit aus: sie sucht die meistgescholtene Frau des griechischen Mythos von jeder Schuld reinzuwaschen. Gorgias verwendet zu diesem Zweck einerseits eine bestimmte Argumentationstechnik, andererseits ein überaus kompaktes Repertoire von Stilmitteln; die rationale oder pseudorationale Argumentationstechnik soll offenbar den Verstand des Zuhörers überwältigen, die rauschhafte Wirkung der Stilmittel sein Empfinden mitreißen.

Die Argumentationstechnik beruht auf einer ebenso strengen wie klaren Gliederung. Auf einige einleitende Gedanken folgt eine präzise Disposition:

> Entweder tat Helena, was sie tat, durch der Schickung Willen und der Götter Ratschluß und der Notwendigkeit Bestimmung getrieben oder weil sie gewaltsam geraubt oder durch Reden betört oder durch Liebe zur Raserei gebracht wurde.

Der Hauptteil führt diese Disposition mit größter Exaktheit aus, wobei dem Zuhörer der Mitvollzug durch die Wiederkehr der in der Disposition verwendeten Ausdrücke erleichtert wird. Die Argumentation gibt sich so den Anschein der Vollständigkeit, und der Zuhörer hat Mühe, sich dem Zwang der Suggestion, der hiervon ausgeht, zu entziehen.

Auf stilistischem Gebiet hat Gorgias die rhetorische Periode geschaffen, ein Gebilde, das zwischen dem Vers der Dichtung und der gewöhnlichen Prosa die Mitte hält. Unter einer Periode versteht man die Sinneinheit, in welcher die Glieder des Gedankens durch eine formale Gliederung anschaulich gemacht werden: durch die Wiederholung von sprachlichen Strukturen und durch die Wiederholung von klanglichen Elementen, von Lauten, Wörtern oder Wortgruppen. Die beiden ersten Perioden der »Helena«, einleitende Gemeinplätze über Wert und Unwert, lassen sich etwa so wiedergeben:

> Zier für die Stadt ist Wohlbemanntheit, / für den Leib Schönheit, / für die Seele Weisheit, / für die Sache Brauchbarkeit, / für das Wort Wahrheit, / und das Gegenteil davon ist Unzier.
> Mann und Frau und Wort und Tat und Stadt und Sache / muß man, verdienen sie Lob, durch Lob feiern, / verdienen sie's nicht, durch Tadel belasten.

Beide Perioden lassen sich in kürzere Elemente, in sogenannte Kola, gliedern: die erste in sechs, die zweite in drei. Die ersten fünf Kola der ersten Periode zeigen denselben syntaktischen Bau und stimmen im Original zum Teil sogar durch Silbenzahl und Rhythmus überein; lediglich das letzte Kolon weicht vom Schema ab und läßt hierdurch den Satz zur Ruhe kommen. Anfang und Ende des Ganzen sind durch die Eckstellung der antithetischen Begriffe Zier – Unzier scharf markiert. In der zweiten Periode steht das erste Kolon, ein Polysyndeton (die koordinierten Elemente Mann, Frau usw. sind allesamt durch die Konjunktion ›und‹ miteinander verknüpft), für sich, während das zweite und dritte parallel gebaut sind und inhaltlich einen Gegensatz, eine Antithese bilden. Die Strukturwiederholungen, die Parallelismen und Antithesen, werden durch klangliche Entsprechungen verstärkt: außer dem Gegensatz ›Zier – Unzier‹ und dem Polysyndeton mit ›und‹ finden sich hier noch zwei Wiederholungen desselben Wortes (im Original: Wortstammes): ›Lob – Lob‹, ›verdienen sie – verdienen sie‹.

Die gorgianische Periode, der zerhackte Satzbau, das Übermaß der rhythmischen und klanglichen Effekte rief schon in der antiken Mit- und Nachwelt Kritik hervor, zumal sich die Originale für griechische Ohren noch sonderbarer ausnahmen, als die deutsche Wiedergabe erkennen läßt: wegen des Wortschatzes, der in Neologismen und poetischen Ausdrücken schwelgte. Die Praxis zog die Konsequenzen aus dieser Kritik; schon der Schüler Isokrates nahm ein gut Teil der Künsteleien, zu denen Gorgias sich verstanden hatte, das Befremdliche und Gewollte seines Stils, zurück und näherte die rhetorische Sprache wieder mehr der gehobenen Umgangssprache an. Hierdurch wurden indes die Prinzipien nicht angetastet: seit Gorgias war und blieb die rhetorische Periode mit ihren Kola, ihren Rhythmen und Figuren verbindlicher Standard für die gesamte Kunstprosa der Antike.

Es gab außer den bedeutenden Sophisten noch eine Reihe von weniger bedeutenden, die sich ebenfalls um die Beredsamkeit bemühten und von deren Bemühungen bisweilen noch mehr oder minder stattliche Überbleibsel zeugen – zumal Gorgias eine nicht geringe Zahl von Schülern hervorgebracht hat. Man kann, wenn man einigen Mut zum Vereinfachen aufbringt, unter all diesen Redelehrern um und nach Gorgias zwei Grundtypen unterscheiden: den juristischen und den politischen Typ. Der juristische, ein handwerklich orientierter, in seinem Horizont eher beschränkter Typ, befaßte sich vor allem mit den Gerichtsreden, speziell mit der Beweistechnik; er suchte so etwas wie eine Advokaten-Fachausbildung zu vermitteln. Der politische Typ hingegen, der seine Aufmerksamkeit hauptsächlich der politischen Ansprache und dem öffentlichen Festvortrag zuwandte, strebte nach Höherem; seine Repräsentanten gingen darauf aus, eine politische Elite heranzuziehen, und gerade sie richteten um der Publikumswirksamkeit willen ein Hauptaugenmerk auf die gefällige Form.

Unter den Rhetoren, die man dem juristischen Typ zuweisen kann, ragt ein Zeitgenosse des Gorgias, Antiphon aus Athen, hervor. Er hat hauptsächlich Prozeßreden verfaßt (von denen einige erhalten sind) und betrat schließlich zu seinem Unglück die politische Bühne: er wurde, da er sich an dem oligarchischen Putsch des Jahres 411 v. Chr. beteiligt hatte, nach der Wiederherstellung der Demokratie als Hochverräter verurteilt und hingerichtet. Der vielseitige Mann war auch als Redelehrer tätig; er hat für seinen Unterricht Musterstücke angefertigt, die ebenfalls erhalten geblieben sind: drei Tetralogien, so genannt, weil sie sich jeweils aus je zwei Anklage- und Verteidigungsreden zusammensetzen.

Antiphons Musterreden sind aus anderem Holze geschnitzt als die Kunststücke des Gorgias mit ihren mythischen Sujets: sie sind von Wirklichkeit erfüllt und spiegeln die Gerichtspraxis ihrer Zeit; sie befassen sich mit Fällen, die zwar fingiert, vielleicht aber durch wirkliche Vorkommnisse angeregt und jedenfalls durchaus wahrscheinlich sind. Das Hin und Her zwischen Anklage und Verteidigung, der hierdurch bedingte ständige Wechsel der Perspektive ist deutlich dem Zeitgeist verpflichtet: die Sophistik hatte das Disputieren pro et contra entdeckt und wurde nicht müde, die verblüffenden Wirkungen zu erproben, die sich mit dieser Kunst erzielen ließen.

Alle drei Tetralogien haben Fälle von Tötung zum Gegenstand. In der ersten ist ein vorsätzlicher Mord vorausgesetzt. Hier geht es nicht um die strafrechtliche Bewertung der Tat, sondern um die Frage der Täterschaft, die mit Hilfe von Indizien entschieden werden soll;

die erste Tetralogie knüpft somit an die Wahrscheinlichkeitsproblematik der ältesten sizilischen Rhetorik an.

Von besonderem Belang ist die zweite Tetralogie. Sie dokumentiert den Durchbruch vom Erfolgs- zum Verschuldensstrafrecht, wie er sich damals in Athen vollendet hat. Ihr liegt der Sachverhalt zugrunde, daß bei einer Wurfübung im Gymnasion ein mit dem Einsammeln der Speere beauftragter Knabe von einem sich übenden jungen Mann tödlich getroffen worden ist. Der Ankläger beruft sich auf das damalige positive Recht: der Erfolg gebe den Ausschlag; auf das Maß des Verschuldens komme es nicht an. Der Angeklagte sucht diese altertümliche Argumentation durch eine modernere Betrachtungsweise zu entkräften, die einzig die Schuld des Täters als Kriterium der Strafbarkeit gelten läßt. Er habe zwar werfen wollen, führt er aus, aber nicht, um den Knaben, sondern um das Ziel zu treffen – hiermit sind die gewollte Handlung und der ungewollte Erfolg unterschieden. Der ungewollte Erfolg wiederum, heißt es sodann, sei nicht durch Unvorsichtigkeit verursacht – hiermit vollzieht der Angeklagte den entscheidenden Schritt: er weist den Vorwurf der Fahrlässigkeit zurück; er erklärt (nach moderner, bereits von Aristoteles angewandter Terminologie), der Tod des Knaben sei, von ihm aus betrachtet, Zufall gewesen.

Der in der dritten Tetralogie angenommene Sachverhalt ist von komplizierterer Art. Ein Streit zwischen einem Jüngeren und einem Älteren hat zu Tätlichkeiten geführt; der Ältere wurde verletzt, er geriet in ungeschickte ärztliche Behandlung und starb. Die Erörterung dieses Falles konzentriert sich auf zwei Hauptprobleme: sie soll einmal ergründen, ob und in welchem Maße das Handeln des Jüngeren durch Notwehr gerechtfertigt ist, und zum anderen, ob nach dem Eingreifen des ungeschickten Arztes noch ein kausaler Zusammenhang zwischen der Verletzung und dem Tode des Verletzten angenommen werden darf.

Die Sophisten des 5. Jahrhunderts waren von Stadt zu Stadt gezogen und hatten sich als Wanderlehrer um Adepten bemüht; die Sophisten des 4. Jahrhunderts gründeten an bestimmter Stätte, in Athen, feste Schulen und suchten durch ihren Ruf aus ganz Griechenland Zöglinge herbeizulocken. Dem Ruf aber, dessen sie sich zu erfreuen wünschten, halfen sie durch Propaganda kräftig nach: Lehrprogramme sind ein Charakteristikum des vierten, des pädagogischen Jahrhunderts, und zu diesen Lehrprogrammen gehörte stets auch die Auseinandersetzung mit der Konkurrenz.

Der Athener Isokrates war der weitaus bedeutendste Rhetorikschulgründer; er hat – neben Platon und Aristoteles – die geistige Physiognomie seines Zeitalters geprägt. Sein Leben, an Jahren gesegnet wie das seines Lehrers Gorgias, erstreckte sich vom Regiment des Perikles bis zum Untergang der griechischen Freiheit (436 bis 338 v. Chr.). Er hat etwa vom Jahre 390 v. Chr. an, also fast zwei Menschenalter lang, als Schulhaupt gewirkt, wobei er seine Grundsätze nicht ein Tüttelchen änderte: was der Fünfundvierzigjährige bei der Eröffnung der Schule verkündet hatte, wurde vom Zweiundachtzigjährigen in einem Rückblick bis ins Einzelne bestätigt. Er war der Vollender der Sophistik; seine maßvollen pädagogischen Überzeugungen, sein formales Können und seine verbreiteter Denkart entsprechenden ethisch-politischen Maximen verhalfen ihm zu großer und dauerhafter Wirkung.

Das überlieferte Schriften-Corpus, 21 Reden und etliche Briefe, enthält, von ein paar frühen Prozeßplädoyers abgesehen, lauter Kunstprodukte, literarische Erzeugnisse, die nicht aus einem konkreten Anlaß hervorgegangen sind. Eine Gruppe machen die Programmschriften aus, in denen Isokrates die eigenen und die zeitgenössischen Vorstellungen von Bildung erörtert. Einige weitere Gruppen haben politische Themen zum Inhalt; hierzu gehört auch diejenige, in der Isokrates seine panhellenische Doktrin verkündet und durch die er zum Propheten

Alexanders des Großen und der Hellenisierung des Orients geworden ist: die Griechen sollten sich zusammenschließen (eine angesichts des selbstmörderischen griechischen Haders nur zu begreifliche Forderung), um durch einen großen Krieg gegen den Erbfeind Persien die ›Barbaren‹ für die griechische Zivilisation zu gewinnen.

Isokrates beansprucht für seine Lehren den Namen ›Philosophie‹: der Ausdruck konnte damals noch jede Art von Wissen oder Bildung bezeichnen; erst die platonisch-aristotelische Tradition hat ihn allmählich auf eine streng der Wahrheit verpflichtete, überwiegend theoretische Einstellung eingeengt. Isokrates hingegen hat unter seiner Philosophie etwas eminent Praktisches verstanden: eine Hinführung zu erfolgreichem Handeln, zu erfolgreicher Meisterung des Lebens. Er ging, wie schon sein Lehrer Gorgias, von der Annahme aus, daß es dem Menschen versagt sei, sein Handeln aus wissenschaftlich fundierten, unfehlbaren Erkenntnissen abzuleiten; er müsse sich daher nach Meinungen richten, nach Erfahrungssätzen oder Wahrscheinlichkeitsregeln, die es ihm gestatteten, in möglichst vielen Fällen das Richtige zu treffen. Ziel des auf Meinungen sich gründenden treffsicheren Handelns ist der eigene Vorteil des Handelnden; Isokrates kann daher wie folgt umschreiben, was er unter einem ›Gebildeten‹ versteht: »zuallererst jemanden, der die Umstände gut zu gebrauchen weiß, wie sie sich Tag für Tag einstellen, und der eine den rechten Zeitpunkt treffende Meinung hat, eine Meinung, die in aller Regel zum Vorteil führt« (12,30). Diese Maximen hatten im Munde des Isokrates nicht den Sinn, daß jedermann ohne sittliche Skrupel einzig und allein auf seinen Vorteil bedacht sein solle; sie beruhten vielmehr auf der Überzeugung, daß Nutzen und sittlicher Wert identisch seien, daß, wer nach dem wahren Nutzen strebe, immer zugleich auch das Gute verwirkliche. Isokrates hielt sich daher für berechtigt, das im Sinne seiner Philosophie betriebene Studium der Rhetorik als Einübung in eine sittlichen Prinzipien gehorchende Lebenspraxis hinzustellen. Wer (so meinte er), von Ehrgeiz getrieben, Lob und Ansehen erringen wolle, der werde, wenn er seinen Vorteil richtig verfolge, auf Reden bedacht sein, die großzügige, von anständiger Gesinnung zeugende, dem Gemeinwohl dienende Handlungen zum Gegenstand haben. Das Verfassen derartiger Reden wiederum färbe auf den Charakter des Verfassers ab, und das zunächst Einmalige werde allmählich zu einer festen Gewohnheit – so bringe das Bemühen um gutes Reden eine gute, vernünftige Einstellung hervor.

Seine pädagogisch-rhetorische Theorie hat Isokrates am eindrucksvollsten in der Programmschrift »Gegen die Sophisten«, d. h. gegen die gesamte Konkurrenz, zusammengefaßt. Hieran ist zuallererst bemerkenswert, daß er den unter den professionellen Erziehern seiner Zeit verbreiteten Zweckoptimismus nicht geteilt hat: er warnt vor einer Überschätzung des Lehrens und Lernens; er meint, daß Bildung und rednerisches Können vor allem von der Begabung und von der Intensität des Umgangs mit den Dingen, von der Erfahrung abhingen. Die Lehre könne lediglich den Prozeß des Hervorbringens erleichtern, könne Unsicherheiten und Mißgriffe verhüten helfen. Wer nicht begabt sei, den vermöge der Unterricht ein Stück weit über seine bisherigen Grenzen hinauszubringen; ein Redner werde nie aus ihm. Es sei leicht, die Elemente zu vermitteln, aus denen sich die Reden zusammensetzen; die eigentliche Schwierigkeit bestehe darin, die einzelnen Elemente je nach den Umständen und nach Lage des Falles richtig anzuwenden. Der Lehrer könne im wesentlichen nur mitteilen, was lernbar sei; er könne allerdings auch durch sein Beispiel zu wirken suchen.

Von dieser Position aus unterzieht Isokrates seine Rivalen scharfer Kritik. Er teilt sie in drei Gruppen ein; er unterscheidet einerseits Eristiker, d. h. (nach der von Platon und Aristoteles durchgesetzten Ausdrucksweise) Philosophen, und andererseits zwei Arten von Rhetoren: Rhetoren, die eine politische Elite, und Rhetoren, die geschickte Advokaten heranzubilden sich anheischig machen – wie ersichtlich, findet die oben vorgeschlagene Redelehrer-Typologie an Isokrates eine Stütze. Gegen jede dieser Gruppen werden Einwände vorgebracht. Die Eristiker, die »Streitbaren« (die Schüler des Sokrates, insbesondere Platon) huldigen einem ethischen Rigorismus, der sie untauglich macht, sich erfolgreich auf die ihrer Meinung nach allzu schlechte Welt einzulassen. Die politischen Redelehrer wiederum sind anzunehmen geneigt, daß man mit Regeln alles erreichen könne – gerade ihnen rückt Isokrates vor, daß zur wahren politischen Beredsamkeit auch Instinkt und Treffsicherheit in der Anwendung der technischen Mittel gehören, die Sache der Begabung und Erfahrung seien. Die Techniker der Gerichtsrede endlich lehnt Isokrates am schärfsten ab, da sie sich unter Verzicht auf jegliche moralische Skrupel dem nackten Egoismus verschrieben hätten. Diese dreifache Abgrenzung von der Konkurrenz zeigt anschaulich, wie Isokrates selbst sich verstanden wissen wollte: als Mann der Mitte, des common sense, der weder allzu hohen ethischen Maßstäben noch dem entgegengesetzten Extrem, dem baren Utilitarismus, die Hand bietet und den die eigenen Erfolge nicht darüber hinwegtäuschen, daß der Lehrbarkeit enge Grenzen gesetzt sind.

Vergleicht man die Theorie des Isokrates mit der des Gorgias, dann zeigt sich sofort die gemeinsame Basis, die skeptische, am Wahrscheinlichen sich orientierende Grundhaltung, die sich am bündigsten durch die Leitbegriffe ›treffende Meinung‹ und ›Erfassen des richtigen Augenblicks‹ kennzeichnen läßt. Aber auch die Unterschiede springen in die Augen. Isokrates hat den Irrationalismus seines Lehrers, dessen Bekenntnis zur unwiderstehlichen Gewalt des Wortes, nicht übernommen; er baute auf das treffende Argument und befleißigte sich in seiner eigenen schriftstellerischen Praxis eines Stils von klassischer Schlichtheit, der jeden gesuchten Effekt vermied. Er hat außerdem den Amoralismus seines Lehrers nicht übernommen: er band die Rede, die dem Künstler Gorgias als unumschränkter Souverän erschienen war, einerseits an die Sache und andererseits an die Gesinnung des Redenden, wobei allerdings der offen proklamierte Utilitarismus in einem nicht hinlänglich geklärten Verhältnis zum Moment des Sittlichen stand.

Die sophistische Rhetorik hat sich bisher stets nur in Musterreden und Programmschriften dokumentiert; dieses Spektrum wird nunmehr, gegen Ende der Gründer-Epoche, durch ein systematisches Lehrbuch ergänzt, durch das früheste erhaltene Beispiel des Typs rhetorischer Literatur, der später dominiert hat und mit dessen Hilfe die Kunst der Beredsamkeit zum festen Bestandteil des Kanons der europäischen Bildung geworden ist. Daß überhaupt ein sophistisches Rhetorik-Lehrbuch die Zeiten überdauert hat, dankt die Nachwelt dem Zufall – genauer: einem gefälschten Widmungsbrief, der von Aristoteles an Alexander den Großen gerichtet zu sein vorgibt; die Schrift blieb so – als »Alexander-Rhetorik« (»Rhetorica ad Alexandrum«) – neben der großen, zweifellos echten aristotelischen »Rhetorik« im Schutze des großen Namens erhalten. Der römische Rhetoriklehrer Quintilian berichtet von einem Lehrbuch des Anaximenes aus Lampsakos, das sieben Arten von Reden unterschieden habe. Es sind dieselben Arten, von denen auch die »Alexander-Rhetorik« weiß; dieses Werk ist somit in Wahrheit von Anaximenes, einem jüngeren Zeitgenossen des Isokrates, verfaßt.

Das Werk des Anaximenes ist um das Jahr 340 v. Chr., kurze Zeit vor der »Rhetorik« des Aristoteles, entstanden. Es repräsentiert, wie Platon bezeugt (Phaidros 257b ff.), einen Typus, dessen Anfänge ins ausgehende 5. Jahrhundert v. Chr. zurückreichen. Platon gibt auch einige Auskunft über den Inhalt dieser ältesten Handbücher: dort könne man sich über die Einleitung, über die Erzählung, über verschiedene Arten von Beweisen u. a. unterrichten. Dieses Ursystem, das den Stoff nach den Teilen der Rede gegliedert hat, ist bei Anaximenes zu einem komplizierteren, aus drei Hauptabschnitten bestehenden Gebilde erweitert. Im ersten Hauptabschnitt (Kap. 1–5) werden jene sieben Arten von Reden vorgeführt, die für Anaximenes charakteristisch sind: neben den üblichen sechs (die zu- und die abratende Volksrede; die Lob- und die Tadelrede, die Anklage und die Verteidigung) noch die siebte, die prüfende Rede, die es sich zur Aufgabe macht, irgendwo Widersprüche oder Unstimmigkeiten aufzudecken. Der zweite Abschnitt (Kap. 6–28) handelt von den Beweisen (vom Wahrscheinlichkeitsschluß, vom Beispiel usw.) sowie vom Stil; der dritte endlich (Kap. 29–38) ist den Teilen der Rede gewidmet, den für einen jeden Teil einschlägigen Argumenten.

Anaximenes ist der am besten bekannte Durchschnitts-Rhetor der griechischen Klassik; zumal aus ihm läßt sich noch ersehen, wie das Gros der Leute beschaffen war, denen die schärfste Kritik sowohl des Isokrates als auch Platons gegolten hat. Seine Lehre ist radikal relativistisch – nicht aus der Fülle des eigenen Schöpfertums, wie die des Gorgias, sondern aus barem Opportunismus. Seine aalglatte Routine kennt nichts als eine Vielfalt von Situationen, die ein Redner zu meistern hat, und sie sucht für eine jede von ihnen möglichst viele und hilfreiche Argumente an die Hand zu geben, gute und schlechte, wie es sich trifft; eine Bewertung und Auslese nach irgendwelchen Prinzipien findet nicht statt. Dabei setzt sie allenthalben die politischen und moralischen Wertvorstellungen ihrer Umwelt voraus, aber nur um sie dem Redner, der seinerseits gänzlich wertindifferent sein darf, für beliebige Zwecke zur Verfügung zu stellen. Ein jedes Argument ist gerade so viel wert, wie es Aussichten bietet, dem Redner in einer gegebenen Situation zum Ziele zu verhelfen. Die Lehre des Anaximenes läßt sich auf die Formel bringen, daß jeder tun darf, was er tun kann, daß es – abgesehen von Gewalt – nur eine Schranke des Handelns gibt: das eigene Vermögen.

2. Die Antwort der Philosophen

Platon, Aristoteles, Theophrast, Demetrios, Hermagoras

Sophistik und Philosophie haben von Hause aus so ziemlich dasselbe bedeutet; beide Ausdrücke bezeichneten jene über ganz Griechenland sich erstreckende intellektuelle Bewegung, die dem Menschen mit Hilfe der Vernunft geben wollte, was ihm bis zum Beginn der großen Krise die Tradition gegeben hatte: Orientierung für die Lebenspraxis. Diese Orientierung konnte allerdings grundverschieden beschaffen sein, je nachdem, wie man die Krise nahm. Die Sophisten hielten sie für unabänderlich und unüberwindlich, und sie waren geneigt, ihr eigenes Krisenbewußtsein absolut zu setzen und als etwas im Grunde für alle Zeiten und Völker Gültiges hinzustellen. Sie waren Skeptiker und Relativisten; sie lehrten, wie der Einzelne inmitten eines Ozeans von Meinungen überleben könne. Diejenigen hingegen, die seit Platon mit Erfolg die Bezeichnung Philosophen für sich beanspruchten, hielten die Krise für etwas Transitorisches. Sie glaubten so wenig wie die Sophisten, daß sich die unreflektierte Tradition von einst wiederherstellen lasse. Sie glaubten indes im Unterschied zu ihnen, daß die Vernunft die Tradition auf höherer Ebene ersetzen könne und daß sie hierbei nicht so sehr dem Individuum wie der Gemeinschaft förderlich sein solle: durch Schaffung eines neuen, unwiderleglichen und daher krisenfesten Wertsystems.

Die Rhetorik war gewissermaßen das Krisenmanagement der Sophisten, ihr Rezept für ein möglichst vergnügliches Überleben. Die Philosophen – Sokrates und seine Schüler, allen voran Platon – fühlten sich durch diese Art, mit der Krise fertig zu werden, heftig provoziert, und sie haben nicht ermangelt, auf die Herausforderung zu antworten: indem sie die Rhetorik als das anprangerten, was sie ihnen unter den Händen der Sophisten zu sein schien, und indem sie das aus ihr zu machen suchten, was sie ihrer Meinung nach zu sein hatte.

Der platonische Dialog »Gorgias« ist ganz und gar auf Abweisung gestimmt: auf Grund des weltanschaulichen Grabens, durch den sich Platon von der Sophistik getrennt sah. Die Redner, heißt es dort, suchen den großen Haufen zu überreden, ohne zu fragen, was gut und gerecht ist; sie treiben Mißbrauch mit ihrer Redegewalt. Die Rhetorik, ihre Lehrmeisterin, ist daher keine wirkliche, auf Prinzipien sich gründende Kunst oder Wissenschaft, sie ist vielmehr nichts als die Routine, den Zuhörern nach dem Munde zu reden (463 b ff.).

Im »Phaidros« nimmt Platon einen minder schroffen Standpunkt ein, er wendet sich dort nicht gegen die Rhetorik schlechthin, sondern lediglich gegen ihre zeitgenössische, noch ganz von der Sophistik geprägte Erscheinungsweise. Er stellt im wesentlichen dreierlei Forderungen. Zum einen rügt er, daß die Rhetoren an der Wahrscheinlichkeit Genüge finden, statt auf die Wahrheit bedacht zu sein – er hält wahres Wissen für möglich und glaubt, hierzu durch seine Dialektik, die von ihm geschaffene wissenschaftliche Methode, den Zugang erschlossen zu haben (265 d ff.; 272 d ff.). Zum anderen muß der Redner die Seelen seiner Zuhörer kennen, er muß wissen, welche Arten von Reden welche seelischen Funktionen ansprechen (die Rede ist ja Seelenleitung, 261a; 270 c ff.), und was schließlich die Rede selbst angeht, so darf sie nicht aus einem wirren Haufen einzelner Punkte bestehen, sondern muß wie ein Lebewesen organisch aufgebaut sein, so daß alles an passender Stelle zum Ganzen beiträgt (264 b/c).

Aristoteles hat aus den Thesen des »Gorgias« und des »Phaidros« die Konsequenzen gezogen; er hat die Forderungen seines Lehrers teils verwirklicht, teils als gegenstandslos erwiesen. So ließ er der rhetorischen Theorie, insbesondere der Lehre von den Beweisen, die bisher weithin aus einem Haufen oberflächlicher, nicht Einsicht, sondern wirklich nur Routine vermittelnder Regeln bestanden hatte, eine gründliche wissenschaftliche Analyse zuteil werden; so entwarf er mit seiner Theorie der Affekte und Charaktertypen eine wissenschaftliche, auf exakt definierte Begriffe sich gründende Psychologie. Andererseits aber bestimmte er die Rhetorik als formale Disziplin. Hiermit war dargetan, daß Platon ihr zu Unrecht aus ihrer moralischen Indifferenz einen Vorwurf gemacht hatte; hiermit war zugleich demonstriert, daß sie sowohl eines Gegenstandsbereichs als auch eines sittlichen Fundaments bedurfte – Aristoteles band sie an die Wissenschaft von der Politik und an die Ethik und fügte sie so in sein philosophisches Lehrgebäude ein. Er hat freilich den eigenen, strengeren Standpunkt nicht rigoros und in jeder Einzelheit zu wahren versucht; der sophistische Opportunismus, der dem von ihm übernommenen Material nun einmal anhaftete, schimmert noch oft genug durch, so daß seine »Rhetorik« eigenartig zwischen wissenschaftlicher Distanz und praxisbezogener Kompromißbereitschaft oszilliert.

Die »Rhetorik« ist, wie alle aristotelischen Schriften, die vollständig erhalten sind, kein ausgefeiltes, für ein breites Publikum bestimmtes Literaturwerk, sondern eine Art Kladde, die als Gedächtnisstütze für weitere Forschungen sowie für den Lehrvortrag gedient hat. Und sie ist, wie viele aristotelische Schriften, kein Werk aus einem Guß: Unstimmigkeiten in der Disposition und manche andere Anzeichen deuten darauf, daß Aristoteles das Material wiederholt überarbeitet und ergänzt hat.

Das Werk besteht aus drei Büchern. Die beiden ersten Bücher handeln von den Überzeugungsmitteln, den ›Beweisen‹ im weitesten Sinne. Die beiden ersten Kapitel des 1. Buches enthalten Präliminarien: die bereits erwähnte Definition der Rhetorik sowie allerlei Einteilungen der Beweise. Der Rest des 1. Buches führt zunächst die drei Redegattungen – die Volksrede, die Festrede und die Gerichtsrede – vor und breitet sodann die Fülle der Argumente aus, die für die einzelnen Gattungen in Betracht kommen; dieser Teil hat somit die spezielle Beweislehre zum Gegenstand. Das 2. Buch ist dreigeteilt; alle drei Teile enthalten wenig Sophistisches und um so mehr genuin Aristotelisches. Die beiden ersten Teile bringen die neue Seelenkunde: die Kapitel 1–11 handeln von den Affekten, den Emotionen, die der Redner bei seinen Hörern erweckt, die Kapitel 12–17 von ›Charakteren‹ oder richtiger von typischen Verhaltensweisen, wie sie insbesondere aus dem Lebensalter oder dem Milieu resultieren. Der dritte Teil endlich (Kap. 18–26) ist das Pendant zum 1. Buch; er enthält die allgemeine Beweislehre, d. h. Aristoteles führt dort seine grundsätzlichen Einsichten in die Struktur jeglicher rhetorischer Beweise vor. Das letzte Buch wirkt angeklebt; es ist mit den beiden vorausgehenden nur lose verknüpft. Aristoteles hat sich dort zu großen Konzessionen gegenüber der traditionellen Rhetorik verstanden: die Kapitel 1–12 handeln vom Stil (mit einem Glanzstück in den Kapiteln 8–9, über die rhetorische Periode), und die Kapitel 13–19 bringen eine nach den Teilen der Rede geordnete Rhetorik im kleinen.

Die gründlicher ausgearbeiteten, über die Anhäufung und Aufzählung von Materialien hinausführenden Partien enthalten glänzende Beispiele der aristotelischen Kunst, die rhetorische Theorie nicht einfach als etwas Gegebenes und Fertiges hinzustellen, sondern in schrittweise vorgehender Gedankenarbeit allmählich zu entwickeln und aufzubauen – es ist dies ein Charakteristikum, durch das sich die »Rhetorik« des Aristoteles auf das bestimmteste von der des Anaximenes und überhaupt von den üblichen Handbüchern unterscheidet. Als Beispiel für diese entwickelnde, ableitende, Merkmal aus Merkmal deduzierende Darstellungsweise sei der Anfang des Lehrstücks über die drei Gattungen der Rede vorgeführt, eines Lehrstücks, das Aristoteles offensichtlich nicht schon vorgefunden, sondern selbst auf Begriffe gebracht hat und mit dem er – anders als mit den meisten seiner übrigen Neuerungen – von Stund an und für immer Eingang in die Schulrhetorik fand (1,3):

Die Gattungen, mit denen sich die Redekunst befaßt, sind drei an der Zahl. Denn so vielerlei Hörer von Reden gibt es auch. Eine Rede nämlich setzt dreierlei voraus: den Redenden, den Gegenstand, über den er redet, sowie den, zu dem er redet, und seine Absicht zielt auf diesen, ich meine auf den Zuhörer. Notwendigerweise aber ist der Zuhörer entweder lediglich Publikum, oder er ist Urteilender, Urteilender entweder über Vergangenes oder über Künftiges. Jemand, der über Künftiges urteilt, ist z. B. das Mitglied der Volksversammlung, jemand, der über Vergangenes urteilt, z. B. der Richter; lediglich Publikum ist, wer nur auf die Fähigkeit des Redners achtet. Notwendigerweise also gibt es drei Gattungen von rednerischen Vorträgen: die beratende Rede, die Gerichtsrede und die rein künstlerische Rede.

Die Abschnitte über die Affekte und über typische Verhaltensweisen sind Muster aristotelischer Wirklichkeitsbeobachtung. Die »Charaktere« Theophrasts, die Komödie Menanders, die bürgerliche Kultur des Hellenismus: alle diese Phänomene einer neuen, zum ersten Male dem Individuum zugewandten Epoche scheinen sich hier vorzubereiten. Und die Rhetorik wird durch die Psychologie, wie Aristoteles sie in diesen beiden Abschnitten betreibt, zu einer Art ›Menschenkunde‹; man ist versucht, den dort vermittelten Inbegriff von Kenntnissen mit der Bildung jenes ›Mannes von Welt‹ zu vergleichen, der im 17. und 18. Jahrhundert als Ideal gegolten hat. Hierzu stimmt, daß auch Aristoteles dazu neigt, ein wenig gewaltsam zu typisieren und mit einer allzu simplen Mechanik von Ursache und Wirkung zu rechnen. Als Beispiel diene der Anfang der Ausführungen über die Jugendlichen (2,12) – Aristoteles beruft sich dort nur ein einziges Mal auf das Wesen der jungen Leute; alles übrige wird aus Umwelteinflüssen oder Kausalzusammenhängen im Affektbereich abgeleitet.

Die Jugendlichen sind ihrem Verhalten nach zu Begierden disponiert und auch imstande, sich zu verschaffen, was sie begehren. Und von den sinnlichen Begierden sind sie am meisten der geschlechtlichen Lust verfallen und hierin unbeherrscht. Sie sind indes wandelbar und rasch gesättigt in ihren Begierden, und so heftig sie begehren, so rasch hören sie wieder auf. Denn ihre Wünsche sind heiß, aber nicht stark, wie Durst und Hunger von Kranken. Auch sind sie hitzig und jähzornig und geneigt, sich von ihrem Zorne hinreißen zu lassen. Und sie unterliegen ihrer Aufwallung; denn aus Ehrempfindlichkeit ertragen sie es nicht, geringschätzig behandelt zu werden, sondern sind empört, wenn sie glauben, ihnen geschehe ein Unrecht. Und sie sind ehrgeizig und mehr noch auf Siege erpicht; denn die Jugend möchte gern überlegen sein, und der Sieg ist eine Art von Überlegenheit. Und dies beides sind sie mehr als geldgierig; geldgierig sind sie am wenigsten, weil sie noch keine Not erlitten haben ... Und sie sind nicht hinterhältig, sondern arglos, weil sie noch nicht viel Schlechtigkeit erlebt haben. Und sie sind vertrauensvoll, weil sie noch nicht oft getäuscht worden sind. Und sie sind voller Hoffnungen; denn wie die vom Wein Berauschten, so sind die jungen Leute feurig, und zwar ihrem Wesen nach, zugleich aber auch, weil ihnen noch nicht viel mißglückt ist.

Die aristotelische »Rhetorik« hat ein Doppelantlitz. Sie ist einerseits Dokument eines Forscherdranges, der die ganze Welt, die Natur ebenso wie die Kultur, zu erfassen und auf Begriffe zu bringen trachtete – und hierzu gehörten die Rede und die Theorie der Beredsamkeit nicht weniger als zahlreiche andere Erscheinungen des öffentlichen Lebens der Griechen, als die Dichtung, die Götterfeste, die Gesetze, die politischen Systeme usw. Daß die »Rhetorik« des Aristoteles in erheblichem Maße aus wissenschaftlichem Interesse hervorgegangen ist, bekundet sich zuallererst durch die Analyse der Affekte, des typischen Verhaltens, der Formen des rhetorischen Beweises; eben diese Einstellung läßt sich jedoch nicht minder an der Präsenz der Dichtung ablesen, der eine beträchtliche Anzahl von Beispielen entnommen wird – ein gut Teil der rhetorischen Phänomene ist ja nicht auf die Prosa beschränkt, sondern hat Gültigkeit für jede Art von Literatur. Aristoteles hat andererseits mit seiner »Rhetorik« gewiß auch praktische Zwecke verfolgt. Seine rhetorischen und politischen Vorlesungen sollten denen eines Isokrates und anderer Sophisten Konkurrenz machen, indem sie sie durch Besseres zu ersetzen suchten – nur so erklären sich wohl letztlich die Konzessionen an die landläufige Rhetorik und die in ihr sich artikulierenden praktischen Bedürfnisse, zu denen sich Aristoteles zumal im 1. und 3. Buch seiner Schrift nicht selten bereit gefunden hat.

Die Wirkung war minder groß, als man vermuten möchte; mit vielem, etwa mit der Affektenlehre, wußte der übliche Rhetorikunterricht nichts anzufangen. Die stärkste Wirkung war hausintern: Theophrast, ein Schüler des Aristoteles und in der Leitung des Peripatos dessen Nachfolger, ließ sich durch das Werk seines Meisters zu intensiven rhetorischen Studien anregen. Da deren Ergebnisse sehr wohl von der Schulrhetorik übernommen wurden, kann man immerhin sagen, daß die aristotelische »Rhetorik« zumindest mittelbar auf den Gang der Entwicklung Einfluß genommen hat.

Von Gorgias bis Anaximenes, von Sokrates bis Aristoteles: der Antagonismus von sophistischer Herausforderung und philosophischer Reaktion ist ungefähr ein Jahrhundert lang, in der Zeit von 430 bis 330 v. Chr., die bewegende Kraft der griechischen Bildungsgeschichte gewesen, und dem nachgeborenen Betrachter steht noch ein hinlängliches Quantum von Zeugnissen – von Musterreden, Programmschriften und Rhetorik-Handbüchern – zu Gebote, sich einen unmittelbaren Eindruck vom Hergang der großen Auseinandersetzung zu verschaffen. Doch nach der aristotelischen »Rhetorik«, der jüngsten in diesen Zusammenhang gehörigen Schrift, ändert sich das Bild von Grund auf. Für die Jahrhunderte des Hellenismus, für die Zeit von Aristoteles bis zum Einsetzen der lateinischen Quellen, kurz nach 90 v. Chr., fehlt es gänzlich an direkter Überlieferung – hiervon macht allenfalls der unter dem Namen des Demetrios von Phaleron kursierende Traktat »Über den Stil« eine Ausnahme. Dabei hat sich das rhetorische System noch kräftig weiterentwickelt; es erhielt wohl erst im 2. Jahrhundert v. Chr. die Gestalt, in der es sich in den Lehrschriften der späten römischen Republik und der Kaiserzeit zu präsentieren pflegt. Die Erklärung für diesen

Traditionsverlust liegt auf der Hand: nahezu die gesamte Literatur des Hellenismus fiel dem Untergang anheim, als der gewandelte Geschmack des Klassizismus (ab Augustus) die hellenistische Schreibart für ungenießbar befand, und die Rhetorik blieb hiervon so wenig verschont wie alle übrige Fachschriftstellerei.

Die Schlacht bei Chaironeia (338 v. Chr.), der Sieg Philipps von Makedonien über die Athener und ihre Bundesgenossen, machte der griechischen Freiheit, der souveränen Politik der Volksversammlung und hiermit der großen Beredsamkeit eines Demosthenes und vieler anderer für immer ein Ende. Die Rhetorik, das Lieblingskind der Demokratie, überlebte gleichwohl die Bedingungen und Verhältnisse ihres Ursprungs, ja sie gedieh und verbreitete sich nunmehr, im Zeitalter des Hellenismus, über alle Gebiete, in die das Griechische, die damalige Weltsprache, vordrang. Immerhin war es mit der öffentlichen Beredsamkeit noch nicht gänzlich vorbei; für die Angelegenheiten der Selbstverwaltung, für das Gerichtswesen bedurfte man nach wie vor geübter Sprecher. Vor allem aber erhielt die Rhetorik eine neue Funktion: sie wurde nunmehr zum wichtigsten Instrument einer mittelständischen Allgemeinbildung; sie garantierte durch Klassikerlektüre und praktische Übungen in Stilistik und Argumentationstechnik einen über die ganze Mittelmeerwelt verbreiteten hohen Standard des schriftlichen und mündlichen Umgangs mit dem Griechischen.

Diese Zusammenhänge machen begreiflich, daß die nacharistotelische Theorie der Beredsamkeit weithin unpolitisch wurde. Man fuhr fort, die Volksrede mitsamt der überkommenen Argumentationstopik zu lehren, sah sich jedoch nicht veranlaßt, in diesem Bereich noch nennenswerte Änderungen vorzunehmen. Anders stand es hingegen mit der Stilistik und der Gerichtsrede: diese beiden Gebiete erfuhren eine gründliche Revision, ja sie haben erst damals, vom ausgehenden 4. Jahrhundert v. Chr. an, die Konturen erhalten, mit denen sie dann für immer in das rhetorische Lehrgebäude eingegangen sind. Die Stilistik dankt diesen Reifeprozeß vor allem dem Peripatos, insbesondere Theophrast; die Gerichtsrede wurde durch Hermagoras von Temnos, einen im übrigen unbekannten Rhetor mit starken philosophischen Interessen, auf neue Grundlagen gestellt. Die Leistungen dieser beiden Männer lassen sich freilich angesichts der großen Überlieferungslücke zwischen Aristoteles und Cicero nicht mehr den Schriften entnehmen, in denen sie sich zum ersten Male dokumentiert haben; sie müssen vielmehr aus ihren Sedimenten in späteren Traditionsschichten, zumal aus dem rhetorischen Oeuvre Ciceros, erschlossen werden – eine Prozedur, die im Falle Theophrasts erst der modernen Forschung nicht ohne Mühe geglückt ist.

Gorgias hatte seine Stilmittel durch Musterbeispiele eingeübt; Anaximenes vermittelte lediglich diffuse Einzelheiten und wußte außerdem noch von stilistischen Vorschriften für einen bestimmten Teil der Rede, für die Erzählung, die Schilderung des Sachverhalts (Kap. 30). Erst Aristoteles unternahm einen ernsthaften Versuch, die Stilistik auf präzise Begriffe zu bringen; er subsumierte das mannigfache Detail unter die beiden Prinzipien Klarheit und Angemessenheit (3,2–12). An diese Darlegungen knüpfte Theophrast an, als er seine verlorene Monographie »Über den Stil« zu Papier brachte. Was er daraus gemacht hat, scheint sich vor allem aus einer Bemerkung der ciceronischen Schrift »Orator« (§ 79) zu ergeben; man vermutete mit gutem Grund, daß die vier Kategorien, die Cicero dort nennt, auf die theophrastische Stilschrift, auf deren Hauptgliederungsschema, zurückgehen: Sprachrichtigkeit – Klarheit – Angemessenheit – Redeschmuck. Theophrast hat mit diesen Kategorien (er nannte sie ›Stilqualitäten‹) die Zweiteilung seines Lehrers nur scheinbar nach beiden Seiten hin um je ein Glied erweitert. In Wahrheit enthält sein Schema nur ein neues Stilprinzip, die Sprachrichtigkeit; die vierte Kategorie,

›Redeschmuck‹, bezeichnet etwas anderes: ein Repertoire von Stilmitteln, die in eben dem Maße verwendet werden dürfen oder sollen, als es die Stilprinzipien zulassen oder fordern. Theophrast hat denn auch, wie ein anderer späterer Gewährsmann, Dionysios von Halikarnass, bezeugt (De Isocrate 3 a.A.), das umfängliche Gebiet des Redeschmucks abermals unterteilt und für das einschlägige Material drei Rubriken geschaffen: Wortwahl, Wortfügung (Periodenbau), Figuren. Auf Theophrast geht außer dem System der Stilqualitäten wohl auch die Unterscheidung dreier Stilarten, des erhabenen, mittleren und schlichten Stils, zurück – er hat sich schwerlich vorstellen können, welcher Erfolg gerade dieser Lehre, deren Wirkungen bis zur ›Ständeklausel‹ des europäischen Klassizismus reichen, beschieden sein sollte.

Die kleine Abhandlung »Über den Stil« (*Περὶ ἑρμηνείας* – Perí hermēneías / De elocutione) gibt vor, von dem Politiker und Philosophen Demetrios von Phaleron, einem Theophrastschüler, verfaßt zu sein. Das ist unmöglich; immerhin spiegelt die Schrift peripatetische Schultradition, sei es daß sie noch auf das 3. Jahrhundert v. Chr. zurückgeht, sei es daß sie – auch für diese Vermutung gibt es Gründe – erst in viel späterer Zeit entstanden ist. Sie hat eher den Charakter einer stilkritisch-ästhetischen Untersuchung als den eines rhetorischen Regelbuchs; sie versteht sich zu mancherlei Ausblicken auf die Dichtung und wartet mit Beobachtungsmaterial aus der gesamten griechischen Literatur auf – außer Homer, der, wie nicht weiter verwunderlich, besonders oft zitiert wird, sind z. B. Sappho, Euripides, Aristophanes und Menander berücksichtigt, und die lange Reihe der Prosaschriftsteller enthält Thukydides, Xenophon, Demosthenes, Platon, Aristoteles u. a.

Die Schrift setzt unvermittelt mit einem Abschnitt über die Periode im allgemeinen ein (1–35), und schon hier wartet der Autor mit einigen vortrefflichen Beobachtungen auf, z. B. über die verschiedenen Wirkungen, die sich durch je verschieden lange Satzglieder erzielen lassen. Da heißt es etwa (7 f.):

> Kurze Satzglieder sind auch um der Furchtbarkeit willen von Nutzen. Denn es ist furchtbarer und eindringlicher, in kurzen Worten vieles anzudeuten, weshalb denn auch die Spartaner barsch in ihren Reden sind: um der Furchtbarkeit willen. Und alles Befehlen ist knapp und kurz, und jeder Herr ist seinem Sklaven gegenüber einsilbig, das Flehen hingegen ist wortreich und das Jammern ... Als Beispiel für einen kurzen Satz diene: »Die Spartaner an Philipp: Dionysios ist in Korinth«. Denn es wirkt viel furchtbarer, wenn es so kurz ausgedrückt wird, als wenn sie, die Sache in die Länge ziehend, geschrieben hätten: »Dionysios, einst ein großer Herrscher wie du, lebt jetzt als Privatmann in Korinth.« Denn was so wortreich mitgeteilt wird, wirkt nicht mehr wie eine Drohung, sondern wie eine Erzählung.

Hierauf folgt, als der eigentliche Gegenstand der Schrift, die Lehre von den Stilarten. Der Autor kennt deren insgesamt vier – im Unterschied zu der von Theophrast begründeten vorherrschenden Tradition. Er führt nämlich außer den üblichen drei Arten, dem erhabenen und dem schlichten Stil sowie einer mittleren Redeweise, die er als ›geglättet, poliert, fein‹ bezeichnet, noch den ›furchtbaren, erschütternden‹ Stil vor, eine vornehmlich aus Demosthenes abgeleitete Variante des erhabenen Stils. Alle Arten werden auch indirekt, durch fehlerhafte Gegenbilder erläutert, z. B. durch Übertreibungen oder Diskrepanzen zwischen Stoff und Form – man fühlt sich bei diesen Darlegungen an ein anderes Lehrstück des Peripatos erinnert: an die guten Staatsformen (Monarchie usw.) und deren Entartungen (Tyrannis usw.)

Hermagoras aus Temnos (2. Hälfte des 2. Jahrhunderts v. Chr.) hat sich als der dritte große Systematiker um die antike Rhetorik verdient gemacht; er war der letzte, der das rhetorische Lehrgebäude erheblich erweitert und bereichert hat. Nachdem sich Aristoteles der Beweislehre und Theophrast des Stils angenommen hatte, wandte er der Gerichtsrede sein Augenmerk zu: er schuf die Lehre von den Status, den »Streitständen«, eine Schablone, die, wenn man sie über den je gegebenen Rechtsfall legte, alsbald den Punkt hervortreten ließ, auf den es dort zuallererst ankam. Von seinen Schriften ist nichts erhalten, nicht einmal Zitate; von seiner Person ist so gut wie nichts bekannt. Dürftige Ansätze zu seiner Lehre finden sich schon in der älteren Tradition; so heißt z. B. bei Anaximenes (4,7): »Die Verteidigung beruht auf drei Weisen des Vorgehens: wer sich verteidigt, muß entweder dartun, daß er nichts von dem getan hat, was ihm vorgeworfen wird, oder er muß, wenn er das nicht bestreiten kann, versuchen zu zeigen, daß die Tat gesetzesgemäß, gerecht, ehrenhaft und für den Staat von Nutzen war« usw. – diese Andeutungen entsprechen dem *status coniecturalis* (Hat der Beschuldigte die Tat begangen?) und dem *status qualitatis* (War der Beschuldigte berechtigt, so zu handeln, wie er gehandelt hat?) bei Hermagoras; Ähnliches findet sich auch in der »Rhetorik« des Aristoteles (3,15). Ob und in welchem Maße diese ersten Versuche einer Klassifikation von Rechtsfällen in der Zeit zwischen Aristoteles und Hermagoras weiterentwickelt worden sind, läßt sich nicht mehr feststellen; terminologische Eigentümlichkeiten der Statuslehre erlauben die Annahme, daß sich auch die Stoa mit der Materie beschäftigt hat. Und da die spätere Tradition das hermagoreische System alsbald verändert hat (es findet sich schon in den beiden ältesten Quellen, den Rhetoriken des jungen Cicero und des sogenannten *auctor ad Herennium,* in je verschiedener Gestalt), läßt sich auch nicht mehr genau bestimmen, welches Aussehen es ursprünglich, bei Hermagoras selber, gehabt hat. Immerhin ist alles Wesentliche dem Zweifel entzogen. Im Mittelpunkt der Lehre haben zweimal vier Status gestanden; hierbei ging es einerseits um Probleme, die aus der zu beurteilenden Handlung selbst erwuchsen, und andererseits um die Auslegung eines für diese Handlung relevanten Textes, eines Gesetzes oder Vertrages.

3. Die Rezeption der Rhetorik im republikanischen Rom

Auctor ad Herennium; Cicero, De inventione

Im 2. Jahrhundert v. Chr. gelangte die griechische Rhetorik nach Rom. Sie wurde nicht nur von Redelehrern im eigentlichen Sinne, sondern auch von Philosophen verschiedener Observanz dorthin gebracht. Während der langen, einigermaßen öden Zeit nach Aristoteles und Theophrast (in der eine Figur wie Hermagoras eine große Ausnahme war) hatte sich nämlich – trotz vordergründiger, mit spitzer Feder und bisweilen recht grobem Vokabular geführter wechselseitiger Polemik – ein gewisser Ausgleich zwischen den beiden, einst, im 4. Jahrhundert v. Chr., unüberbrückbar voneinander getrennten Bildungsrichtungen vollzogen, oder, vorsichtiger ausgedrückt: Philosophie und Rhetorik waren einander nicht unbeträchtlich nähergekommen, wobei wahrscheinlich auch ein ganz handgreiflicher Gesichtspunkt, das Bestreben, möglichst viele Schüler zu gewinnen, eine erhebliche Rolle gespielt hatte. Hieran war weniger erstaunlich, daß die Redelehrer sich herbeiließen, in ihrem Unterricht auch philosophisches Elementarwissen auf dem Gebiete der Logik und Ethik unter die Leute zu bringen; hieran war vor allem bemerkenswert, daß nicht nur die Schule des Aristoteles, die sich seit den Tagen ihres Gründers um die Theorie der Rede bemüht hatte, sondern auch die rigorose platonische Akademie und die nicht minder rigorose Stoa rhetorisches Rüstzeug zu vermitteln suchten – nur die Schule Epikurs mit ihrer Bildungsfeindlichkeit und ihrer Aversion gegen jedwede politische Betätigung übte im allgemeinen strenge Zurückhaltung.

Die Stoa hatte sich schon früh, im 3. Jahrhundert v. Chr., der Rhetorik anzunehmen begonnen, allerdings auf eine ihr gemäße, durchaus philosophische Weise. Der Redner, wie sie ihn propagierte, mußte sich nämlich jeden Versuchs enthalten, den Schein für die Wahrheit auszugeben und die Affekte der Hörer für seine

Zwecke zu mobilisieren. Diesem ebenso löblichen wie weltfremden Streben nach Wahrhaftigkeit und Rationalität fiel nun auch jeder Appell an Ohr und Gemüt, jeder Stilschmuck zum Opfer – man begreift somit Ciceros boshafte Bemerkung, nichts sei so geeignet wie die Rhetorik Chrysipps, den Benutzer das Verstummen zu lehren (De finibus 4,7).

Es ist überaus charakteristisch für die Vermischungstendenzen des hellenistischen Zeitalters, für das Zerbröckeln scharfkantiger weltanschaulicher Positionen, daß sich im Laufe des 2. Jahrhunderts v. Chr. auch die Akademie der Rhetorik annäherte: sie lehrte die dialektische, das Für und Wider erörternde Untersuchung allgemeiner Sätze und vermittelte so eine Technik, die sich auch Politiker und Advokaten zunutze machen konnten; sie bequemte sich schließlich, um die Wende vom 2. zum 1. Jahrhundert v. Chr., zu regelrechten Rhetorik-Vorlesungen, ja selbst zur Behandlung von Rechtsfällen.

Rom war mit seinem Siege über Hannibal und seinem Vordringen in das hellenistische Staatensystem des östlichen Mittelmeers zur Weltmacht aufgestiegen: dieses Rom, in allem Zivilisatorischen – wie der Schrift, der Münze, der Handwerke und Künste – schon seit langem Schuldner der Griechen, öffnete sich nunmehr, im Zeitalter der punischen Kriege und zumal während des 2. Jahrhunderts v. Chr., der griechischen Literatur, Philosophie und Wissenschaft. So gelangte auch die Rhetorik dorthin, ausgeübt von griechischen Redelehrern und außerdem in wachsendem Maße von griechischen Philosophen; sie fand dort, bei der römischen Aristokratie, einen einträglichen Markt vor, weil die Angehörigen dieser Kreise begriffen, wie trefflich sich rhetorische Fertigkeiten im politischen Kampfe verwenden ließen. Es verschlug nichts, daß der Unterricht in griechischer Sprache vonstatten ging und daß sich erst in Ciceros Jugend einheimische, lateinisch redende Rhetoren zu etablieren begannen: Roms führende Schicht pflegte das Griechische, das internationale Verständigungsmittel jener Zeit, fast ebensogut zu beherrschen wie die eigene Muttersprache, und die Techniken, die sie sich im Medium griechischer Redeübungen aneignete, ließen sich offensichtlich mühelos auf die römische Praxis übertragen.

Die griechischen Redelehrer und Philosophen fanden deshalb in Rom einen so einträglichen Markt vor, weil die dortigen allgemeinen Verhältnisse ähnlich beschaffen waren wie einst vor Philipp und Alexander von Makedonien im unabhängigen griechischen Stadtstaat: auch im republikanischen Rom wirkte eine Vielzahl von Bürgern bei allen bedeutsamen Entscheidungen mit; auch dort mußten die führenden Männer beschließende Organe, deren Mitgliederzahlen in die Hunderte gingen, durch ihr Wort für ihren Standpunkt zu gewinnen suchen. Allerdings: während im demokratischen Athen die Volksversammlung die maßgebliche Rolle gespielt hatte, fiel in der römischen Adelsrepublik dem Senat, dem dreihundert-, später sechshundertköpfigen Ältestenrat die beherrschende Rolle zu – Ansprachen an das Volk waren dort weniger dazu bestimmt, konkrete Entscheidungen herbeizuführen als allgemein auf die öffentliche Meinung einzuwirken. Doch diese durch den ständischen Aufbau der römischen Gesellschaft bedingten Unterschiede änderten nichts an der Tatsache, daß auch die römische Politik des Triebwerks der öffentlichen Rede bedurfte, und was die Justiz betraf, so waren in Rom seit dem ausgehenden 2. Jahrhundert v. Chr. nicht anders als einst in Athen gerade die wichtigen Materien, die öffentlichen Strafprozesse, großen Geschworenengerichten anvertraut, die sich aus Laien zusammensetzten.

In Rom gab es also, als die griechischen Lehrmeister dort erschienen, staatliche Institutionen, die auf öffentliche Debatten angewiesen waren, und es gab dort demzufolge eine blühende rednerische Praxis; es gab hingegen keinerlei theoretische Unterweisung, die der angeborenen Begabung und der durch Erfahrung erworbenen

Routine hätte förderlich sein können. Kriegswesen, Recht und Politik: in diese Bereiche pflegte die jeweils jüngere Generation der herrschenden Schicht durch praktischen Umgang hineinzuwachsen; man hörte zu, machte mit und ließ sich von den Ratschlägen Älterer leiten; abstrakte, durch planmäßigen Schulunterricht vermittelte Regelsysteme waren den Römern von Hause aus gänzlich fremd. Die Bildung stieß dort also in ein Vakuum; sie fand nichts vor, was sie erst hätte zerstören oder verdrängen müssen. So wurde denn das römische Schulwesen ein getreuer Abklatsch des griechischen; Rom übernahm alle Formen und Inhalte, wie sie seit hellenistischer Zeit überall, wo Griechen wohnten, feste Konturen angenommen hatten. Die erste Stufe, der Elementarunterricht im Lesen und Schreiben, wurde wohl seit dem 5. Jahrhundert v. Chr. von professionellen Lehrern wahrgenommen. Die zweite Stufe, der auf Dichterlektüre beruhende Grammatikunterricht, kam im Laufe des 3. Jahrhunderts v. Chr. hinzu, und erst im Jahrhundert darauf begann sich auch die dritte und höchste Institution des hellenistischen Bildungswesens, der Rhetorikunterricht, in Rom einzubürgern – sie zunächst als Reservat der führenden Schicht und, wie schon erwähnt, allein im Medium der griechischen Sprache.

Die aufgeklärte Mentalität der griechischen Lehrer, ihr Rationalismus, ihr philosophisches Weltbild stieß in Rom auf Verhältnisse, die sozusagen um Jahrhunderte älter waren, auf eine weithin noch streng gebundene, religiös fundierte und festem Herkommen verpflichtete Lebensordnung. So begreift sich leicht, daß die Griechen nicht überall mit offenen Armen empfangen wurden; es gab Kreise, die sich dem neuen, durch die Griechen vermittelten Geist entgegenstemmten, weil sie in ihm eine Bedrohung des eigenen Wesens, des nationalen Selbst erblickten. Ein sprechendes Zeugnis für diese Überfremdungsfurcht ist ein im Wortlaut überlieferter Senatsbeschluß des Jahres 161 v. Chr. (Sueton, De rhetoribus 1):

Im Konsulatsjahr des C. Fannius Strabo und des M. Valerius Messalla wandte sich der Prätor M. Pomponius an den Senat. Es wurde über die Philosophen und Rhetoren debattiert, und man meinte, der Prätor M. Pomponius solle darauf achten und dafür sorgen, daß diese Leute aus Rom verwiesen würden, wenn er nach reiflicher Erwägung glaube, daß dies dem Staate förderlich sei.

Als der markanteste Exponent des griechen- und aufklärungsfeindlichen Konservativismus jener Übergangszeit hat sich der ältere Cato, ein bedeutender Politiker, Redner und Schriftsteller, eine knorrige, originelle und auch beschränkte Römernatur einen Namen gemacht. »Glaub mir«, so ließ sich der große Hasser einmal seinem Sohne gegenüber vernehmen, »dieses Wort ist von einem Propheten gesprochen: wenn uns dieses Volk (die Griechen) mit seiner Bildung beschenkt, dann verdirbt es alles« (Plinius, Naturalis historia 29,14).

Der Widerstand war vergebens. Der jüngere Scipio, der angesehenste Mann seines Zeitalters, lebte seinen Standesgenossen vor, wie sich griechische Geistigkeit – deren vornehmste Repräsentanten in seinem Hause aus und ein gingen – mit römischer Sittenstrenge vereinigen lasse, und wenn die Beschäftigung mit griechischer Philosophie und Wissenschaft stets Sache einer auserlesenen Minderheit blieb, so werden die nützlichen Künste der Dialektiker und Rhetoren in breiten Kreisen der aristokratischen Jugend Zulauf gefunden haben. Ein herausragendes Beispiel ist Tiberius Gracchus, der – dank der erzieherischen Sorgfalt seiner Mutter Cornelia – von den besten griechischen Schulmeistern unterwiesen wurde; Diophanes aus Mytiline, sein Rhetoriklehrer, soll auch auf seine politischen Unternehmungen eingewirkt haben. Die heftigen innenpolitischen Kämpfe, die von den Gracchen entfesselt wurden, haben wohl die Nachfrage nach rhetorischem Unterricht beträchtlich gesteigert, und bald darauf, kurz nach der Wende vom 2. zum 1. Jahrhundert v. Chr., etablierte sich in Rom die erste von einem Römer namens L. Plotius Gallus betriebene, in lateinischer Sprache unterrichtende Rhetorikschule. Der konservativen Obrigkeit war dies Unternehmen, das viel Erfolg hatte, da es das Erlernen rhetorischer Künste von der Kenntnis des Griechischen unabhängig machte, so suspekt wie ein halbes Jahrhundert zuvor die Rhetorik überhaupt, und sie reagierte wie ehedem mit scharfer Mißbilligung, ja mit einer Art Auflösungsbefehl – wahrscheinlich ohne bleibenden Erfolg.

Im darauf folgenden Jahrzehnt, als sich die inneren Auseinandersetzungen zu einem furchtbaren Bürgerkrieg gesteigert hatten, entstanden in kurzem Abstand die beiden ältesten Rhetorik-Lehrbücher in lateinischer Sprache, die erhalten geblieben sind: die Schrift des sogenannten *auctor ad Herennium* sowie Ciceros Jugendarbeit »De inventione«. Diese beiden Werke sind deshalb so bedeutsam, weil sie eine durch den Untergang der hellenistischen Literatur bedingte Überlieferungspause von mehr als zweieinhalb Jahrhunderten beenden, weil sie (wenn man von der nicht sicher datierbaren Abhandlung des ›Demetrios‹ absieht) als erste bezeugen, was seit den Tagen des Aristoteles und des Anaximenes aus der Theorie der Beredsamkeit geworden war. Sie sind beide unter Ciceros Namen überliefert und haben beide bis zum Ausgang des 15. Jahrhunderts als ciceronisch gegolten – damals erkannte man, daß sich im Falle der einen Schrift weder die Selbstaussagen des Verfassers, insbesondere über seine literarischen Pläne, noch die politische Einstellung, die eine gewisse Affinität zur Revolutionspartei des Marius verrät, mit der Person des jungen Cicero vereinbaren lassen, und so pflegt sie jetzt, da sich der wahre Autor nicht mehr ermitteln läßt, als »Rhetorik an Herennius« – nach dem Manne, dem sie gewidmet ist – bezeichnet zu werden. Die beiden Lehrbücher stehen einander nicht nur zeitlich nahe; sie zeigen auch zahlreiche sachliche und sprachliche Übereinstimmungen: im Plan des Ganzen, in der Terminologie, in den Definitionen und Beispielen. Ihre Verfasser haben sich also großenteils einer und derselben Quelle bedient, und vieles spricht dafür, daß diese Quelle ebenfalls schon in lateinischer Sprache abgefaßt war. Innerhalb des hierdurch bedingten gemeinsamen Rahmens weichen die beiden Schriften allerdings nicht unbeträchtlich voneinander ab: die »Rhetorik an Herennius« gehört zum advokatorisch-juristischen Handbuchtyp; Ciceros Abhandlung bemüht sich um ein reflektierteres, stärker der politischen Dimension zugewandtes Verhältnis zu ihrem Gegenstand.

Die »Rhetorik an Herennius« behandelt in vier Büchern die gesamte rhetorische Theorie. Dabei macht sich der in den Handbüchern übliche Formalismus des Systems besonders aufdringlich bemerkbar; es scheint dem Verfasser geradezu Freude bereitet zu haben, durch immer neue Aufspaltungen ein möglichst differenziertes Gefüge einander über- und untergeordneter Begriffe herzustellen. Als oberstes Einteilungsprinzip dient ein später oft wiederholtes Schema: die *officia oratoris,* die Arbeitsgänge, die zum Verfertigen einer Rede erforderlich waren – die Auffindung des Stoffes, die Gliederung des Stoffes, die Stilisierung, das Auswendiglernen und der Vortrag. Die Lehre von der Auffindung des Stoffes, das komplizierteste Gebiet, füllt die ersten zweieinhalb Bücher; hiervon sind Buch 1–2 einzig und allein der Gerichtsrede vorbehalten. In der zweiten Hälfte des 3. Buches hat der Autor die Vorschriften über die Stoffgliederung und – indem er die zeitliche Reihenfolge der Arbeitsgänge außer acht ließ – über die Vortragsweise und das Auswendiglernen untergebracht; das 4. Buch, das fast ebenso lang ist wie die drei ersten insgesamt, führt sodann die Lehre vom rhetorischen Stil vor. Die Theorie der Stoffauffindung ist nach den drei Gattungen der Rede und innerhalb einer jeden Gattung nach den Redeteilen (Einleitung, Erzählung usw.) gegliedert; die Gerichtsrede erhält deshalb den Löwenanteil, weil dort das System der Status abgehandelt wird: der Autor macht den Leser zunächst mit den einschlägigen Kategorien vertraut (1,18–25) und befaßt sich sodann ausführlich mit den jeweils passenden Formen des Beweises (2,2–26).

Die »Herennius-Rhetorik« ist ein aus der Praxis und für die Praxis geschriebenes, einerseits nüchternes, andererseits frisches und unmittelbar zupackendes Kompendium. Der Autor hält die Subtilitäten seiner griechischen Kollegen für unnütze Ausgeburten der Eitelkeit (1,1), und die Kunststücke der Dialektiker bedenkt er unverhohlen mit Spott und Verachtung (2,16). Bei den Status übernimmt er den eigenwilligen Umbau des Systems, den sein Lehrer vorgenommen hatte (1,18); die nicht minder eigenwillige Anordnung der Theorie vom Stil mag auf ihn selbst zurückgehen (4,17f.). Seine Ausdrucksweise ist bisweilen schwerfällig und unbeholfen – man spürt, daß die lateinische Prosa zu seiner Zeit noch nicht von der Meisterhand eines Cicero geformt war. Gleichwohl weiß er die Sache, um die es ihm geht, im allgemeinen klar und verständlich vorzutragen, zumal er den Begriffen und abstrakten Definitionen nicht allzu sehr traut und alles durch Beispiele veranschaulicht. In dieser Hinsicht zeigt er sich besonders vielseitig: manches entstammt dem griechischen Mythos, anderes den römischen Dichtern; bisweilen wartet er mit konstruierten Schulfällen auf; das meiste jedoch ist aus der politischen und gerichtlichen Praxis seiner Zeit abgeleitet. Er war augenscheinlich recht belesen und hat zugleich mitten im öffentlichen Leben jener bewegten Jahre gestanden; um so mehr muß man bedauern, daß die Überlieferung nur sein Werk und nicht auch seinen Namen bewahrt hat.

Ciceros rhetorische Jugendschrift hatte die gesamte Theorie der Redekunst darstellen sollen. Sie blieb unvollendet; lediglich die beiden ersten Bücher, die sich mit der Auffindung des Stoffes befassen, wurden ausgeführt, weshalb man dem Werk den Titel »De inventione« gegeben hat. Auch Cicero hatte offensichtlich beabsichtigt, die *officia oratoris* als oberstes Einteilungsprinzip der gesamten Theorie zu verwenden: auf die Vorschriften über die

Stoffauffindung sollten die über die Stoffgliederung, die Stilisierung usw. folgen. Die Binnenstruktur des Ausgeführten stimmt mit dem entsprechenden Teil der »Rhetorik an Herennius« darin überein, daß die Lehre von den Status zweimal erörtert wird: ein erster, kurzer Durchgang gibt einen Überblick über die einschlägigen Falltypen (1,10–19); eine zweite, bei Cicero besonders ausführliche Behandlung der Materie führt die für einen jeden Falltyp in Betracht kommenden Argumente vor (2,14–154). Im übrigen jedoch hat Cicero anders disponiert: das 1. Buch läßt auf den Überblick über die Status die Lehre von den Redeteilen folgen (19–109); das 2. Buch ist nach den Gattungen der Rede gegliedert. So stehen bei Cicero drei Abschnitte, die der Verfasser der »Rhetorik an Herennius« ineinander geschachtelt hat, der Überblick über die Status, die Theorie der Redeteile und die Theorie der Redegattungen, je für sich nebeneinander.

Auch der junge Cicero hat nicht selten Mühe, die abstrakten Lehren der griechischen Rhetorik in faßliches, präzises Latein zu gießen; er schreibt jedoch unverkennbar flüssiger als sein anonymer Zeitgenosse, und sein Satzbau zeichnet sich durch größere Geschmeidigkeit aus. Das auffälligste Merkmal der Abhandlung »De inventione« ist indessen das Bemühen um philosophische Fundierung. Zwar spiegelt auch die »Rhetorik an Herennius« mitunter die für den späten Hellenismus typische Vermischung der einst so streng geschiedenen Richtungen. Der junge Cicero geht jedoch über diese Ansätze erheblich hinaus; wahrscheinlich macht sich hier der Einfluß seines philosophischen Lehrers Philon aus Larissa bemerkbar, der als Schulhaupt der Akademie die dortselbst bis zu seiner Zeit geächtete Rhetorik in sein Lehrprogramm aufnahm. Zumal die Einleitung des Werkes bekundet Ciceros Bedürfnis, über die Grundlagen und Zwecke der Beredsamkeit zu reflektieren. Es geht um die alte Frage, ob die Kunst der Rede der Menschheit mehr genutzt oder mehr geschadet habe. Cicero glaubt, daß es ohne Beredsamkeit kein menschliches Zusammenleben, keine menschliche Kultur geben könne – sie müsse allerdings mit Weisheit, mit politischer Einsicht und Verantwortungsgefühl gepaart sein; wenn sie sich zu einer formalen Kraft verselbständige, dann vermöge sie, wie die Geschichte lehre, überaus verderblich zu wirken. Daß sich gerade die Skrupellosesten darum bemühten, den Staat in ihre Gewalt zu bringen, dürfe die Anständigen, meint Cicero, nicht abstoßen, sondern müsse vielmehr ein Ansporn für sie sein, jeden Mißbrauch politischer Macht zu verhindern.

4. Die rhetorische Theorie Ciceros

Das Bildungsideal; die Stilkontroverse

Ciceros Schrift »De oratore«, bestehend aus drei Büchern, vollendet im Jahre 55 v. Chr., ist die bedeutendste Darstellung der Rhetorik, welche die Antike hinterlassen hat. Ihr Autor wollte sie zu seinem philosophischen Oeuvre gerechnet wissen, wie – abgesehen von der unselbständigen Jugendarbeit »De inventione« – alle seine Schriften, die sich mit rhetorischen Problemen befassen; er berief sich hierfür auf die von Aristoteles begründete Tradition, wonach die *praecepta dicendi* Teil der Philosophie seien (De divinatione 2,4). Er konnte diese Zuordnung um so mehr beanspruchen, als er für sein Werk die Form gewählt hatte, die seit ihrem Gründer Platon in der Philosophie zu Hause war, die Form des Dialogs. Wer sich für diese Form entschied, mußte sich nicht nur auf die Sache verstehen, die er zu behandeln gedachte, sondern auch hohen literarischen Ansprüchen genügen: bei der Charakteristik der beteiligten Personen und der Situation, bei dem Wechsel von Frage und Antwort, bei der gefälligen Stilisierung.

Cicero kannte sich genau mit der Tradition der Gattung aus, die er für seine erste große theoretische Schrift (und für viele weitere, im eigentlichen Sinne philosophische Werke, die noch folgen sollten) ausersah. Er wußte z. B., daß die behende Wechselrede, durch welche sich zumal die frühen Dialoge Platons ausgezeichnet hatten, längst, und zwar spätestens seit Aristoteles, einer Folge von zusammenhängenden Lehrvorträgen gewichen war (wobei immerhin die Möglichkeit bestand, daß ein späterer Vortrag polemisch auf einen früheren Bezug nahm), und so erklärte er denn einem Freunde gegenüber, er habe das Werk über den Redner *Aristotelio more,* »in der Weise des Aristoteles«, abgefaßt (Ad familiares 1,9,23). Ihm war außerdem bekannt, daß die Dialoge der hellenistischen Literatur teils in der Gegenwart des Autors, mit ihm selbst als einem Hauptunterredner, teils in einer nicht allzu fernen Vergangenheit spielten und daß der eine Typus auf Aristoteles, der andere hingegen auf den Platoniker Herakleides Pontikos zurückging; er selbst entschied sich für eine Szenerie der Vergangenheit und somit in dieser Hinsicht nicht für die Weise des Aristoteles, sondern für die des Herakleides (Ad Atticum 13,19,3–4).

In dem erwähnten Brief der Sammlung »Ad familiares« läßt sich Cicero auch über den Inhalt und Zweck seines Werkes vernehmen; er schreibt: (Die Bücher »De oratore«) »unterscheiden sich von den üblichen Regel-Kompendien und umfassen die gesamte Tradition der rhetorischen Theorie: sowohl die von Aristoteles als auch die von Isokrates begründete.« Aristoteles und Isokrates: diese Namen stehen einerseits für einen philosophisch-reflektierenden, andererseits für einen technisch-praktischen Zugang zur Rhetorik – Cicero möchte beides berücksichtigt wissen, ja, wenn möglich, eine Einheit daraus machen; die Problematik, derer sich schon die Einleitung zur Jugendschrift »De inventione« angenommen hatte, wird nunmehr aus der Sicht des gereiften, erfahrenen Meisters der forensischen und politischen Beredsamkeit in gehöriger Breite entfaltet. Das Werk enthält sowohl die rhetorische ›Technologie‹ (so Cicero selbst: Ad Atticum 4,16,3) als auch den Versuch, die Voraussetzungen auf Begriffe zu bringen, deren der vollkommene Redner über die Technologie hinaus bedarf, seine enzyklopädische und philosophische Bildung.

Der Dialog, der den Konventionen der Gattung gemäß als tatsächliche Begebenheit hingestellt wird, spielt im Jahre 91 v. Chr., in Ciceros Jugendzeit, unter römischen Aristokraten; die beiden Hauptfiguren sind L. Licinius Crassus und M. Antonius, zwei Staatsmänner, die Cicero für die bedeutendsten Redner ihrer Generation gehalten wissen wollte. In den Vorreden der drei Bücher spricht der Autor selbst; er unterrichtet seinen Bruder Quintus über sein persönliches Verhältnis zu dem im Dialog verhandelten Gegenstand sowie über die beiden Hauptunterredner, über ihre Einstellung zur griechischen Bildung und über ihr tragisches Ende. Die Vorrede des 1. Buches nimmt in nuce einige Wesensmerkmale des Dialoges vorweg. Cicero habe mit seinem Bruder schon öfters über die Beredsamkeit diskutiert, heißt es dort (§ 5), und dabei hätten sich Meinungsverschiedenheiten gezeigt: nach Ciceros Überzeugung sei eine umfassende Bildung das unabdingbare Fundament wahrer Redekunst; Quintus hingegen glaube, daß einige Begabung und einige Übung ausreichten. Die beiden Konzeptionen von der Beredsamkeit, die sich hier gegenüberstehen – eine universale und eine spezielle, technische –, kehren im Dialog wieder: sie entfalten sich dort als die Grundpositionen der beiden Hauptfiguren. Und gegen Ende der Vorrede (§§ 16 ff.) zählt Cicero zum ersten Male das Vielerlei der Kenntnisse auf, das er bei einem bedeutenden Redner voraussetzen zu müssen glaubt – um unmittelbar darauf Zugeständnisse an die römische Praxis, an den dort vorherrschenden Typ des ›beschränkten‹ forensischen Redners zu machen. Diese Antithese bereitet auf die Grundspannung vor, die den ganzen Dialog durchzieht, auf den Zwiespalt zwischen Ideal und Wirklichkeit, und auf die unermüdliche Dialektik, mit der sich Cicero immer wieder von dieser Wirklichkeit zu seinem Ideal erhebt.

Das 1. Buch erörtert die fundamentalen Fragen nach dem Sinn und dem Ausmaß der Bildung, deren der vollkommene Redner bedarf. Es gliedert sich in vier einführende, kürzere Beiträge, die einen vorläufigen, skizzenhaften Überblick über das Bildungsprogramm und seine Problematik geben (§§ 30–95) sowie in je einen Hauptbeitrag des Crassus (§§ 96–203) und des Antonius (§§ 204–265). Die einleitende Äußerung des Crassus preist die Beredsamkeit mit traditionellen Motiven als universale Stifterin des staatlichen Zusammenlebens und der Kultur – Cicero zieht hieraus noch nicht die Konsequenz, daß der wahre Redner mit dem führenden Staatsmann identisch sei. So kann der Jurist Q. Mucius Scaevola, eine Nebenfigur des Dialoges, einwenden, daß nicht die Redner, sondern die Politiker die Staaten gegründet und erhalten hätten, und ebensowenig wie mit den Politikern dürfe man die Angehörigen dieses Berufsstandes mit den Philosophen und den Fachgelehrten in eins setzen – sie seien eben nichts als Spezialisten für Reden vor dem Gericht, dem Volk und dem Senat. Die nunmehr folgende, ziemlich lange Replik des Crassus sucht darzutun, daß es sich bei dem Ideal des universal gebildeten Redners nicht um eine willkürliche Annahme, sondern um eine zwingende Forderung handele. Das Ziel dieser Erörterung ist die Definition des *orator perfectus* (§ 64), ein Ziel, das Crassus erst nach drei Anläufen erreicht. Hierbei bedient er sich jedes Mal des dialektischen Verfahrens, von jener reduzierten Bestimmung der Beredsamkeit, ihrer Begrenzung auf Gericht, Volk und Senat auszugehen, wie Scaevola sie vorgenommen hatte, und hieraus zu folgern, daß der Redner eben doch eine Vielzahl von Gegenständen beherrschen müsse: Recht und Gesetz, die Kunst der Menschenführung, das Kriegswesen sowie Geographie und Mathematik – kurz, er muß (so die Definition) *quacumque de re,* über jedwedes Thema zu reden verstehen. Nach einigen ergänzenden Bemerkungen, in denen erhebliche Abstriche von der Maximalforderung des *quacumque de re* gemacht werden, ergreift Antonius das Wort: Hauptthema seines Beitrags sind die Voraussetzungen des von Crassus propagierten Rednerideals, die griechische Kontroverse zwischen den Philosophen und Rhetoren sowie die Forderung der Erstgenannten, daß der wahre Redner philosophisch gebildet sein müsse.

Der Hauptbeitrag des Crassus gliedert sich in zwei Abschnitte. Gegenstand des ersten Abschnitts (§§ 96–159) sind die Voraussetzungen wahrer Redekunst, die Begabung *(natura, ingenium)* und die Ausbildung *(studium)*, zu der einerseits die Aneignung theoretischer Kenntnisse, andererseits vielerlei praktische Übungen gehören; die Partie beruht auf einem traditionellen Schema der Rhetorik-Handbücher, auf der Trichotomie *natura – ars – exercitatio*. Sie mündet etwas unvermittelt in das bekannte Postulat universaler Bildung: Dichtung und Geschichte, die freien Künste sowie Recht und Staatskunde seien die Gebiete, mit denen der angehende Redner sich vertraut machen müsse. Der zweite Abschnitt (§§ 160–203) sucht dieses Postulat ausführlich zu begründen, wobei die Notwendigkeit umfassender Sachkenntnisse nicht für alle Disziplinen nachgewiesen, sondern lediglich an einer einzigen, am Privatrecht *(ius civile)*, exemplifiziert wird. Auf diesem Felde konnte sich Cicero kein griechisches System zunutze machen; er mußte die römische Wissenschaft par excellence auch auf römische Weise – also kasuistisch – erörtern: eine Reihe von schwierigen Rechtsfällen soll dartun, daß gediegene juristische Kenntnisse zum unentbehrlichen Rüstzeug des Redners gehören. Cicero gibt hierbei allerdings zu verstehen, daß er die römische Rechtskasuistik als Mangel empfindet, und so legt er Crassus eine Partie in den Mund, worin die Konstituierung der Jurisprudenz als einer systematischen Wissenschaft – mit Hilfe der Dialektik, die das Zerstreute zur Einheit zusammenschließe, indem sie die Begriffe aufeinander beziehe und voneinander abgrenze – gefordert wird. Cicero nimmt mit dieser berühmten Partie eine Entwicklung vorweg, die, nachdem sie schon in der römischen Kaiserzeit eingesetzt hatte, seit dem hohen Mittelalter für die gesamte europäische Rechtswissenschaft mit Ausnahme des angelsächsischen Kulturkreises bestimmend geworden ist – ob er sie mit ihr (und mit einer ähnlichen Verlautbarung in seiner Schrift »Brutus«, §§ 152 ff.) auch verursacht oder wenigstens beeinflußt hat, ist ungewiß.

Antonius fungiert sodann in seinem das 1. Buch abschließenden Hauptbeitrag als Widerpart des Crassus, als eine Art Advocatus Diaboli: er gibt sich angesichts des von Crassus propagierten Persönlichkeitsideals dezidiert als Empiriker, der die faktischen Verhältnisse nicht zu steigern und zu verbessern sucht, sondern sie hinnimmt, wie sie sind. Die Kette der Definitionen, mit der er einsetzt, umschreibt typische Erscheinungen der damaligen gesellschaftlichen Wirklichkeit: den Feldherrn, den Staatsmann usw.; hiernach ist der Redner nichts als der Spezialist, der die für die forensischen Angelegenheiten erforderliche Redetechnik beherrscht. Aus dieser Bestimmung, meint Antonius weiterhin, ergebe sich zwingend, daß die Philosophie für den Redner gänzlich unbrauchbar sei und daß er sich auch im Privatrecht nicht sonderlich auskennen müsse.

Die Bücher 2 und 3 enthalten nach Ciceros eigenen Worten die rhetorische ›Technologie‹; sie sind nach dem Schema der fünf *officia oratoris* gegliedert. Das 2. Buch besteht im wesentlichen aus einem großen Vortrag des Antonius, der sich nach einleitenden Betrachtungen mit den *officia* Stoffauffindung (§§ 114–306), Stoffgliederung (§§ 307–349) und Auswendiglernen (§§ 350–367) befaßt; in die Darstellung der Stoffauffindung, die ihrerseits auf den Funktionen der praktischen Rede, dem *probare, conciliare* und *movere* (»dem Beweis, der Sympathiegewinnung und der Affekterregung«) beruht, ist ein von einer Nebenfigur beigesteuerter Exkurs über den Witz eingeschoben (§§ 216–290). Das 2. Buch ist das ›technischste‹ des ganzen Werkes; Cicero hat sich hier mehr als sonst auf die Vulgärrhetorik eingelassen, sooft er sich auch in kürzeren Partien über deren Niveau erhebt.

Die einleitenden Betrachtungen (§§ 28–113) reduzieren die Theorie der Beredsamkeit mit Nachdruck auf das für die forensische Praxis Erforderliche; die Lobrede z. B. oder die Behandlung allgemeiner, über die Sphäre von Politik und Ethik hinausgehender Fragen seien, meint Antonius, für die Ausbildung des Redners unnötig. Selbst von den üblichen der Volks- und der Gerichtsrede geltenden Lehren dürfe man sich nicht allzu viel versprechen; sie zielten mit ihrer pedantischen Systematik am Wesentlichen vorbei. Antonius entwirft nach dieser Standpauke eine römische, ganz auf die Bedürfnisse der Praxis zugeschnittene Unterweisung des künftigen Redners: man prüfe seine Eignung, man vermittele ihm die eigenen Erfahrungen, man halte ihn dazu an, einem ihm gemäßen Vorbild nachzustreben, und lasse ihn sich sorgfältig in einen jeden Fall einarbeiten. Diese Partie hat einen nicht geringen dokumentarischen Wert; sie ist insbesondere geeignet, einen Eindruck zu korrigieren, den das Studium der landläufigen Rhetorik-Handbücher allzu leicht hervorrufen könnte: daß es in Rom zu einem guten Plädoyer nur tönender Worte und nicht auch viel saurer Aktenarbeit bedurft hätte.

Im 3. Buch referiert Crassus; er behandelt die beiden noch ausstehenden *officia oratoris*, den Stil (§§ 19–212) und den Vortrag (§§ 213–230). Die Lehre vom Stil verwendet das Schema der theophrastischen Stilqualitäten; sie wird mit Hilfe der Kategorien Sprachrichtigkeit und Klarheit, Redeschmuck und Angemessenheit vorgeführt. Den im strengen Sinne technischen Partien gehen einige Betrachtungen über Grundsätzliches voraus (§§ 19–37), und vor allem ist zwischen die Erörterung des ersten und des zweiten Paares der Stilqualitäten ein großes exkursartiges Gebilde eingeschoben, worin Cicero den Vortragenden nochmals seine Konzeption vom idealen Redner entwikkeln läßt (§§ 54–143).

In den einleitenden allgemeinen Betrachtungen wendet sich Crassus zunächst gegen das analysierend-zerstükkelnde Denken der Schulrhetorik: die Lehre vom Stil lasse sich eigentlich gar nicht gesondert behandeln, da Stoff und Form, die *res* und die *verba* eine untrennbare Einheit bildeten. Allerdings bleibt Crassus jede Auskunft schuldig, wie eine Rhetorik beschaffen sein müsse, die aus dieser Einheit die Konsequenzen zieht, und er bewegt sich hernach, bei der Darstellung der Stiltheorie, durchaus in konventionellen Bahnen. Ebenso folgenlos für die weitere Erörterung bleibt eine zweite These der Vorbemerkungen, eine These, die für das gänzlich nach allgemeinen Maßstäben urteilende, im Typischen und Normativen befangene ästhetische Denken der Antike geradezu unerhört ist: daß der Stil je nach der Individualität des Künstlers, Dichters oder Redners differiere und daß man demzufolge Qualität nicht hiernach bemessen könne, da jede Ausprägung in ihrer Art vollkommen sei – *quot oratores, totidem . . . genera dicendi* / »wieviele Redner, soviele Stilarten«, so daß sich die Frage aufdränge, ob es angesichts dieser Sachlage überhaupt so etwas wie eine Stillehre, wie allgemeinverbindliche Stilregeln gebe? Crassus bejaht die Frage und lenkt den Gedanken in die gewohnten Gleise der antiken Ästhetik zurück; immerhin verdient der Passus einen Ehrenplatz in der Vorgeschichte des modernen Stilbegriffs.

Der exkursartige Einschub über die Grundlagen der Rednerbildung besteht aus zwei in sich zusammenhängenden, durch ein Zwischengespräch voneinander getrennten Äußerungen des Crassus (§§ 54–81; 91–143); zumal die erste Äußerung hat Schlüsselfunktion für die ciceronische Programmatik. Die Totalität, welche der wahre, mit allen menschlichen Dingen vertraute Redner verwirklichen soll, wird nunmehr nicht, wie im 1. Buch, dialektisch, d. h. durch Schlüsse, die von einer reduzierten Bestimmung der Beredsamkeit ausgehen, herbeidisputiert, sondern aus dem Rekurs auf die griechische Geistes- und Bildungsgeschichte, aus dem Kontrast zweier dort begegnender Grundbefindlichkeiten abgeleitet.

Einst herrschte, legt Crassus dar, ein Zustand der Ganzheit, der Denken, Reden und Handeln umschloß; er wurde von einem Zustand des Zerfalls, der Auflösung jener Ganzheit abgelöst. Diese Spaltung, dieses *discidium linguae atque cordis* (»Zerwürfnis zwischen Zunge und Verstand«) bekundete sich einmal darin, daß sich die Intelligenz von der Leitung des Staates zurückzog und sich so Theorie und Praxis, Wissenschaft und Politik voneinander trennten, und sie bekundete sich außerdem durch eine entsprechende Änderung im Bildungswesen: an die Stelle einer ganzheitlichen, sowohl auf rechtes Handeln als auch auf treffendes Reden – auf Philosophie und Rhetorik – gerichteten Erziehung trat die Zersplitterung in lauter Spezialfächer. Der Mann, der diesen Wandel bewirkte, war Sokrates, und so faßt Crassus seinen geschichtlichen Rückblick wie folgt zusammen (§ 72):

> Denn wie ich schon sagte, die Alten bis hin zu Sokrates verbanden jederlei Kenntnis und Wissen von all den Dingen, die zum Herkommen, zum Leben, zur Sittlichkeit, zur Politik in Beziehung standen, mit der Kunst der Rede. Dann aber haben, als, wie dargetan, von Sokrates und danach von allen Sokratikern eine Trennung bewirkt worden war, die Philosophen auf die Beredsamkeit und die Redner auf die Weisheit herabgeblickt, und sie mieden jede Berührung mit der anderen Seite, abgesehen von diesem oder jenem, was die einen von den anderen entlehnten.

Crassus zieht aus alledem die Konsequenz, daß das alleinige Studium der Rhetorik nicht mehr ausreiche. Eine Musterung der philosophischen Systeme ergibt, daß der angehende Redner bei den Peripatetikern und den Akademikern die Kenntnisse und Fähigkeiten erwerben kann (insbesondere die Dialektik), deren er über das rhetorische Handwerkszeug hinaus bedarf, und er ist hierzu um so mehr berechtigt (wie Crassus in seiner zweiten zusammenhängenden Äußerung darlegt), als es sich bei der dialektischen Untersuchung ethischer und politischer Fragen von Hause aus um eine Domäne der Rhetoren gehandelt hat, in welche die Philosophen gewaltsam eingebrochen sind. Die einstige Einheit ist also eine rhetorische Einheit gewesen, und wer sie wiederherstellt, der genügt dem rednerischen Ideal, das Crassus entwirft (§ 80):

> Wenn einmal jemand auftritt, der über alle Probleme nach der Art des Aristoteles in positivem wie in negativem Sinne zu sprechen und, da er dessen Lehren kennt, zu jedem Fall zwei einander entgegengesetzte

Reden zu halten vermag ... und der mit dieser Methode noch die übliche rednerische Erfahrung und Übung verbindet, der ist wahrhaft, der ist in vollkommenem Maße, der ist allein ein Redner.

Dem grandiosen Programm der Schrift »Über den Redner« haftet unleugbar etwas Künstliches, etwas allzu Spekulatives an: man erkennt allenthalben, daß sich Cicero hierbei weniger von der Rücksicht auf seine römische Umwelt als von seinen eigenen Wünschen und Bedürfnissen hat leiten lassen; man könnte sogar meinen, er habe mit seinem Versuch, die griechische Bildung auf dem römischen Forum heimisch zu machen, ganz unvereinbare Dinge miteinander vereinbaren wollen. Diese Kritik mag zutreffen, wenn man die Schrift lediglich daran mißt, welchen Wert sie für die Zeit ihrer Entstehung hatte, sie wird jedoch gegenstandslos, wenn man die Entwicklung ins Auge faßt, welche die Rhetorik während der römischen Kaiserzeit genommen hat – diese Entwicklung gab Cicero, wenn auch in einem von ihm selbst nicht gewünschten, weil unpolitischen Sinne, recht: das rhetorische Handwerkszeug ging in einem größeren Ganzen, in einer Allgemeinbildung philosophisch-literarischen Gepräges auf.

Unter den kleineren rhetorischen Werken Ciceros ragen der Dialog »Brutus« und die Abhandlung »Orator« hervor, zwei Monographien, die jeweils ein begrenztes Thema zum Gegenstand haben. In der Schrift »Brutus« stellt Cicero, nachdem er zunächst eine Skizze der attischen Beredsamkeit vorausgeschickt hat (§§ 25–52), die Geschichte der römischen Beredsamkeit von den Anfängen bis zu ihm selbst dar; hierbei dienen stets die fünf *officia oratoris* als Bewertungsmaßstab für die Leistungen der einzelnen Redner, d. h. Cicero erörtert, wie es mit dem Erfindungsreichtum, dem Stil oder dem Vortrag eines jeden Redners bestellt gewesen sei. Am Beispiel der griechischen Plastik und Malerei sowie am Beispiel der älteren römischen Dichtung wird vorgeführt, daß sich alle Künste aus dürftigen Anfängen und erst allmählich zu vollkommenen Leistungen gesteigert hatten (§§ 70–76); Cicero will demgemäß auch bei der römischen Beredsamkeit mehrere Stufen des Fortschritts, bis hin zur ersten Blüte im Zeitalter des Crassus und Antonius, unterschieden wissen. Er schließt seine Darlegungen mit einer Synkrisis, einer Gegenüberstellung des Hortensius, seines namhaftesten Konkurrenten, und seiner selbst (§§ 301 bis 328). Der »Orator« befaßt sich in der Hauptsache mit der Lehre vom rednerischen Ausdruck. Die Abhandlung enthält ausführliche Beschreibungen der drei theophrastischen Stilarten, des schlichten, mittleren und erhabenen Stils; sie geht außerdem mit großer Gründlichkeit auf die Lehre von der Wortfügung (Periodenbildung, Prosarhythmus u. a.) ein.

Die beiden Monographien sind durch eine besondere Thematik miteinander verbunden: durch Ciceros Auseinandersetzung mit einer Stilrichtung jener Zeit, deren Repräsentanten für sich beanspruchten, die wahren ›Attizisten‹, die wahren Nachfolger der großen attischen Redner des 4. Jahrhunderts v. Chr., zu sein (Brutus 283–291; 325; Orator 20–32; 69–74; 100–112). An der Debatte waren einerseits Cicero, andererseits einige um etwa eine Generation jüngere Redner, darunter M. Iunius Brutus, der nachmalige Caesarmörder, beteiligt. Beide Parteien stimmten darin überein, daß es in der griechischen Prosa einen guten und einen schlechten, den ›attischen‹ und den ›asianischen‹ (angeblich aus den Griechenstädten Kleinasiens stammenden) Stil gebe, und weiterhin darin, daß der asianische Stil zu übermäßiger Fülle, zu schwülstigen und manierierten Extravaganzen neige, während der attische Stil Zurückhaltung übe und die asianischen Übertreibungen meide. Eine eigentlich asianische Position wurde also weder von Cicero noch von seinen Gegnern verfochten; man stritt vielmehr darüber, wo die Grenze zwischen asianischer und attischer Ausdrucksweise verlaufe und was dem Attizisten gestattet sei und was nicht. Die

Jüngeren warfen Cicero vor, seine Wortfülle sei maßlos und zu wenig attisch. Cicero wiederum erklärte seine Gegner für engherzig; sie nähmen sich allzu einseitig eine der drei Stilarten der Attiker, die Schlichtheit eines Lysias, zum Vorbild, während doch die Attiker insgesamt, und keiner mit solcher Meisterschaft wie Demosthenes, sämtliche Stilarten beherrscht hätten – das *decorum* bestimme, welcher Stilart man sich jeweils befleißigen müsse. So habe auch er selbst, wie einst Demosthenes, je nach der Situation die eine oder andere Stilart verwendet.

Die Auseinandersetzung war ein Import aus Griechenland. Dort hatten sich schon im Laufe des 2. Jahrhunderts v. Chr. erste Anzeichen einer klassizistischen Umkehr, eines Rückgriffs auf die vorhellenistische Vergangenheit bemerkbar gemacht, zumal in der bildenden Kunst und in der Philosophie; offenbar glaubte man dort einen Halt zu finden, wie ihn die Gegenwart nicht mehr zu gewähren vermochte. Diese Problematik wurde gewiß durch den schweren äußeren Niedergang verschärft, den das unaufhörliche Kriegselend des 1. Jahrhunderts v. Chr. mit sich brachte; eine allgemeine Verfallsstimmung, ein starkes Epigonenbewußtsein scheint sich damals der Griechen bemächtigt zu haben. Die Anfänge der literarischen Auseinandersetzung liegen im dunkeln; man muß wohl mit einer Übergangsperiode rechnen, welche die Rhetoren und Schriftsteller in zwei Lager spaltete: während einige schon erkannt hatten, wie die Zeichen der Zeit standen, hielten andere noch an der Tradition des Hellenismus fest.

Daß sich die Römer diese Problematik alsbald zu eigen machten, ist einigermaßen befremdlich. Denn ihre Literatur befand sich in einem völlig anderen Falle als die der Griechen. Sie konnten ja durchaus noch nicht auf eine Tradition zurückblicken, in der auf eine ferne Klassik Jahrhunderte einer nachklassischen Spätphase gefolgt waren. Für sie hat sich daher das Problem der Griechen nur in einem entfernt analogen Sinne gestellt; sie erörterten im

Grunde die Frage, wie ihre eigene klassische Prosa beschaffen sein solle. Der römische Zweig des Stilkampfes blieb denn auch – im Unterschied zum griechischen Stamme – im ganzen der Entwicklung eine kurze Episode. Die römische Literatur verfolgte in der Zeit des Augustus und noch fast ein Jahrhundert darüber hinaus Ziele, die ihr durch ihre eigenen Gesetze vorgezeichnet waren; sie lenkte erst mit dem Klassizismus des Ciceronianers Quintilian auf die Bahn ein, welche die griechische Literatur längst beschritten hatte.

5. Die römische Rhetorik der Kaiserzeit

Seneca d. Ä., Quintilian

Mit Cicero erreichte die politische Beredsamkeit der Römer ihren Höhepunkt und zugleich ihr abruptes Ende. Denn in Rom wiederholte sich nunmehr, was sich drei Jahrhunderte zuvor in Griechenland abgespielt hatte: eine epochale politische Umwälzung entzog der Beredsamkeit, dem Instrument der öffentlichen Diskussion politischer Fragen, die institutionellen Voraussetzungen – die Diktatur Caesars und nach einem kurzen republikanischen Intermezzo endgültig der sogenannte Prinzipat des Augustus, eine dürftig verschleierte monarchische Staatsform, ließ Forum und Kurie verstummen; die Volksversammlung verschwand völlig, und der Senat verkümmerte zum Befehlsempfänger des Kaisers. Und wie in Griechenland, so vermochte auch in Rom die Rhetorik, die Theorie der Beredsamkeit und der Unterricht in ihr, den Wandel zu überleben: die Angehörigen der Mittel- und Oberschicht besuchten nach wie vor, nachdem sie sich beim Elementar- und beim Grammatiklehrer das erforderliche Rüstzeug verschafft hatten, einige Jahre lang irgendeinen Meister der Eloquenz. Die antike Rhetorik bestätigt somit zwiefach den Erfahrungssatz, daß literarische Gattungen und Institutionen zwar jeweils besonderer Entstehungsbedingungen bedürfen, daß sie jedoch weiterzuexistieren vermögen, wenn diese Bedingungen wegfallen: die Rhetorik, eine Errungenschaft der griechischen und römischen Bürgerfreiheit, überdauerte als Instrument der gehobenen Allgemeinbildung.

Der kaiserzeitliche Rhetorikunterricht war mitnichten ein privater Luxus; er hatte vielmehr eine klar umrissene Funktion im gesellschaftlichen Ganzen. Man brauchte zwar keine Politiker mehr, die imstande waren, sich in öffentlicher Rede miteinander zu messen; man brauchte jedoch Verwaltungsbeamte für das vom kaiserlichen Willen einheitlich gelenkte Riesenreich, und die höheren und höchsten Verwaltungsposten standen nicht nur dem Absolventen eines juristischen Studiums offen, sondern auch jedem, der eine gründliche rhetorische Ausbildung genossen hatte – in der Praxis der weit häufigere Fall. Diese Tatsache gehört zu den Merkwürdigkeiten der kaiserzeitlichen Zivilisation: daß die damalige – wie sich noch zeigen wird, überaus wirklichkeitsfremde – Rhetorik als geeignetes Mittel für die Heranziehung der Führungsschicht gegolten hat. Sie war eine formale Bildung, die mit großer Gründlichkeit und Konsequenz eingeübt wurde, und sie verbürgte durch ihr intensives Programm der Autorenlektüre und der praktischen Stilistik einen gleichmäßigen, ziemlich hohen Standard in der schriftlichen und mündlichen Handhabung des Wortes: offensichtlich gab diese Voraussetzung eine hinlängliche Grundlage für die vielfältigen Aufgaben ab, die der römische Verwaltungsbeamte in der Hauptstadt und in den Provinzen wahrzunehmen hatte.

Die auffälligste Erscheinung der kaiserzeitlichen Rhetorik sind die sogenannten Deklamationen, Übungsreden, die die höchste Stufe des rhetorischen Unterrichts ausmachten: man ließ die Schüler nach einem Inbegriff von Regeln Fälle bearbeiten, die teils der Geschichte entnommen waren, teils – und vor allem – auf reiner Fiktion beruhten. Derlei Übungsreden hatte es wohl gelegentlich schon in hellenistischer Zeit gegeben; sie breiteten sich nunmehr überallhin aus, wo Rhetorik gelehrt wurde, und nahmen auch im allgemeinen Bewußtsein einen wichtigen Platz ein. Die ergiebigsten Quellen für den kaiserzeitlichen Deklamationsbetrieb sind einmal die »Controversiae et suasoriae« (etwa: »Streitfälle und Beratungsreden«) des älteren Seneca und zum anderen zwei Sammlungen, die – sehr wahrscheinlich fälschlich – unter dem Namen Quintilians überliefert sind: 19 vollständig ausgearbeitete Schulreden (»Declamationes maiores«) sowie die letzten 145 Stücke von ursprünglich 388 Skizzen (»Declamationes minores«). Der ältere Seneca hat eine Art Anthologie angefertigt: sein Werk gibt Auskunft darüber, was rhetorische Berühmtheiten seiner Jugend zu einer Reihe von Themen oder Fällen zu sagen gewußt hatten, wobei er keine vollständigen Vorträge bringt, sondern sich – nicht gerade zur Erleichterung der Verständlichkeit – auf einzelne Pointen *(sententiae)*, auf die Gliederungen *(divisiones)* sowie auf allerlei Argumente beschränkt, die den Hörer sei es günstig, sei es ungünstig stimmen sollten *(colores)*.

Die Suasorie war das deklamatorische Analogon zur politischen Ansprache, sozusagen deren künstliche Nachbildung. Sie stellte den angehenden Redner vor die Aufgabe, sich in eine Entscheidungssituation einer mythischen oder historischen Persönlichkeit zu versetzen und ihr nach gründlicher Erörterung von allem Für und Wider zu raten, wie sie zu handeln habe. Was soll Agamemnon tun, nachdem ihm der Seher Kalchas erklärt hat, nur die Opferung Iphigenies, der eigenen Tochter, vermöge Artemis dazu zu bringen, der griechischen Flotte die Überfahrt nach Troja zu gestatten (Seneca d. Ä., Suasorie 3)? Soll sich Cicero bittflehend an seinen Todfeind Antonius wenden, um sein Leben zu retten, soll er sich bereit finden, seine Schriften zu vernichten, wenn Antonius ihm unter dieser Bedingung Schonung verspricht (Seneca d. Ä., Suasorien 6 und 7)? Derlei Aufgaben waren, die nötige Vertrautheit mit der Mythologie und der Geschichte vorausgesetzt, gewiß geeignet, die Fähigkeit im Entdecken von Motiven und Argumenten zu fördern; andererseits konnte es nicht ausbleiben, daß eine häufigere Behandlung die bekanntesten Themen rasch abnutzte und unglaubwürdig machte. So behauptet der Satiriker Persius, er habe sich als Knabe oft Öl in die Augen gerieben, um nicht die schwülstigen Reden des zum Selbstmord schreitenden Freiheitshelden Cato auswendig lernen zu müssen, die ein vernünftiger Lehrer nicht gebilligt hätte, die ihn jedoch sein eigener Vater vor geladenen Freunden angstschwitzend aufsagen ließ (3,44–47).

Als besonders schwierig galten die Kontroversien, das Pendant zu den Gerichtsreden der Wirklichkeit. Die Schüler hatten sie, wenn es sich um strafrechtliche Fälle handelte, bald als Ankläger, bald als Verteidiger auszufechten, und sie traten bei privaten Streitigkeiten als Sachwalter sowohl der klagenden als auch der beklagten Partei auf. Gelegentlich wurden auch Fälle erörtert, die sich wirklich zugetragen hatten, jedenfalls wenn sie so ungewöhnlich waren wie dieser (Sueton, De rhetoribus 1):

> Zur Sommerszeit machten junge Leute aus der Stadt einen Ausflug nach Ostia. Sie gingen an den Strand; sie wandten sich an die Fischer, die dort ihre Netze zogen; sie vereinbarten im voraus einen Preis für den Fang und zahlten. Sie mußten lange warten, bis die Netze herausgezogen wurden. Als sie endlich zum Vorschein kamen, fand sich kein einziger Fisch darin, wohl aber ein verschlossener Korb mit Gold. Da beanspruchten sowohl die Käufer als auch die Fischer den Fang für sich.

Im allgemeinen aber übte man sich – offenbar weil die Wirklichkeit meist Sachverhalte von geringem Effekt zutage förderte – an konstruierten Fällen von der größten Unwahrscheinlichkeit. Man ließ dort vorzugsweise Randexistenzen der menschlichen Gesellschaft, etwa Räuber, Dirnen oder Tyrannen, auftreten, man sorgte für pikante Situationen und grelle Kontraste, man schrieb für die rechtliche Würdigung Gesetze vor, die es nie gegeben hatte und nie geben konnte – kurz, die Rhetorenschule brachte in ihren Übungsreden eine Phantasiewelt hervor, die möglichst kraß von der Alltagswirklichkeit abstach. Eines der vom älteren Seneca behandelten Themen beruht auf folgendem Sachverhalt (Controversiae 1,6):

> Ein junger Mann, der in die Gewalt von Seeräubern geraten ist, bittet den Vater brieflich, ihn loszukaufen: vergebens. Die Tochter des Seeräuberhauptmanns verlangt von ihm, er solle beschwören, daß er sie heirate, wenn sie ihm die Freiheit verschaffe. Er schwört. Sie verläßt ihren Vater und folgt dem jungen Manne. Dieser, in die Heimat zurückgekehrt, heiratet das Mädchen. Da zeigt sich eine gute

Partie; der Vater verlangt, der Sohn solle sich von der Tochter des Seeräuberhauptmanns trennen und die Partie wahrnehmen. Der Sohn weigert sich und wird enterbt.

Diese Fälle haben oft geradezu novellistischen Charakter, und so wundert man sich nicht, daß mancher Deklamationsstoff in den »Gesta Romanorum«, einer mittelalterlichen Geschichtensammlung, wiederkehrt. Maßgebliche Zeitgenossen allerdings mochten diese Phantastik nicht gutheißen, und sie ermangelten nicht, die Wirklichkeitsferne der Kontroversien scharf zu rügen. »So kommt es«, schreibt Tacitus (Dialogus 35,5), »daß man sich über die Belohnung von Tyrannenmördern, über Wahlmöglichkeiten vergewaltigter Frauen, über Mittel gegen die Pest, über Blutschande mit der Mutter oder was sonst noch nur in der Schule Tag für Tag, auf dem Forum hingegen selten oder nie verhandelt wird, in gewaltigem Wortschwall ergeht.« »Es sollen also die Stoffe«, sekundiert Quintilian (Institutio oratoria 2,10,4–5), »die man sich ausdenkt, möglichst wirklichkeitsgetreu sein ... Denn die Zauberer, Pestilenzen, Orakelworte, Stiefmütter, schrecklicher als die im Theater, und anderes, noch Phantastischeres werden wir bei Prozeßterminen und einstweiligen Verfügungen vergebens suchen.«

Man war damals, im 1. Jahrhundert n. Chr., mit dem Zustand der Rhetorik insgesamt nicht sonderlich zufrieden, ja die Frage nach den »Ursachen des Verfalls der Beredsamkeit« (so der Titel einer Schrift Quintilians) avancierte zu den Modethemen des Zeitalters. Der Romanautor Petron macht vor allem den schlechten Geschmack des Publikums, die Vorliebe für hohltönenden Schwulst sowie das verkehrte Prestigedenken der Eltern für den Niedergang der rhetorischen Bildung verantwortlich (Saturae 1–5). Auch Quintilian hat in der erwähnten Abhandlung »De causis corruptae eloquentiae« – die zwar verloren, aber aus Hinweisen des Hauptwerkes in Umrissen erkennbar ist – stilistisch-technische Ursachen ins Feld geführt und vor allem über die Scheinwelt der Deklamationen sowie über die gesuchte Schreibart der Epoche geklagt (Institutio oratoria 2,4,41f.; 5,12,17–23; 8,3,56–58 u. ö.). Tiefer blickten zwei weitere Analytiker des kaiserzeitlichen Rhetorikbetriebes, der anonyme Verfasser des griechischen Traktats »Vom Erhabenen« und Tacitus: sie verwiesen beide auf den Wechsel der Staatsform, der sich nach Cicero vollzogen hatte, auf den Übergang von der Republik zur Monarchie, von der Freiheit zur Knechtschaft; der Anonymus maß darüber hinaus den materiellen Bedingungen des Zeitalters und ihren Folgen, dem Frieden, dem Wohlstand, der Genußsucht, die Schuld am Verfall aller Größe bei (Tacitus, Dialogus 36–41; De sublimitate 44). Alle diese kritischen Stimmen haben recht, wenn sie einerseits einen erheblichen Stilwandel konstatieren und andererseits die Literarisierung der Rhetorik auf die veränderten politischen Verhältnisse zurückführen; sie schießen übers Ziel hinaus und unterschätzen den eigenen zivilisatorischen Standard, sofern sie diese Erscheinungen im wesentlichen negativ beurteilen.

Die neue Staatsform mußte man hinnehmen, den modernen Stil hingegen nicht: daß man um die Wende vom 1. zum 2. Jahrhundert n. Chr. zur Klassik, zu Cicero zurückkehrte und nunmehr auch römischerseits vollzog, worin die Griechen bereits unter Augustus vorangegangen waren, hierzu hat wohl kein anderer in solchem Maße beigetragen wie Quintilian, wie dessen Hauptwerk »Institutio oratoria«, die ausführlichste erhaltene Darstellung der antiken Theorie der Beredsamkeit.

Adressat der »Institutio« ist nicht der Schüler, der angehende Redner, sondern der Redelehrer; Quintilian führt nicht nur den Stoff vor, sondern zeigt zugleich, wie dieser Stoff zu vermitteln sei – der didaktische Aspekt ist stets einbezogen. So erklärt sich auch, daß die »Institutio« den üblichen Rahmen überschreitet und nicht nur den rhetorischen, sondern auch den ganzen vorausgehenden

Unterricht in Betracht zieht: das 1. Buch erörtert die Grammatik, ferner die Musik und Geometrie. Das 2. Buch nimmt sodann die eigentliche Materie in Angriff; es befaßt sich mit den ersten rednerischen Übungen sowie mit den Grundlagen und Grenzen der rhetorischen Theorie. Buch 3 bringt sodann eine Einführung in das gesamte rhetorische System, der in den Büchern 4–6 eine gründliche Behandlung der Redeteile (Einleitung, Erzählung usw.) folgt, mit Anhängen über das Pathos, das Ethos und den Witz (6,2–3). Die zweite Werkhälfte beginnt mit der Statuslehre (Buch 7) und fährt fort mit einer breit angelegten Darstellung der Stilistik (Buch 8–11; in den Kapiteln 11,2–3 auch Gedächtnisschulung und Vortrag); das 12. Buch handelt im wesentlichen vom Redner, von seinem Charakter und seinem Allgemeinwissen, ferner von den Stilarten. Quintilian gibt mit alledem die Summe seiner Kenntnisse und Erfahrungen. Das Werk sollte, ohne Originalität anzustreben, eine kritische Übersicht über das Vorhandene bringen; es läßt die vielfältigen Lehrmeinungen, die in der reichen theoretischen Literatur sowohl der Griechen als auch der Römer propagiert wurden, ausgiebig zu Wort kommen.

Quintilians »Institutio oratoria«, das wichtigste Dokument des literarischen Klassizismus in Rom, hält zwar an der ursprünglichen Aufgabe der rhetorischen Handbücher, Redner auszubilden, fest; sie zeigt indes zugleich eine starke Tendenz, die überkommenen Lehren zu einer allgemeinen Theorie und Kritik der Kunstprosa zu erweitern, und spiegelt so den Funktionswandel von der forensischen Technik zur höheren literarischen Bildung, welchen die Rhetorik zu Beginn der Kaiserzeit durchgemacht hatte. Sie enthält einen berühmten Überblick über die gesamte griechische und lateinische Literatur (10,1): nach Dichtungs- und Prosagattungen geordnet, werden die für die Geschmacksbildung des angehenden Redners geeigneten Autoren vorgeführt, zuerst die Griechen, dann die Römer. Quintilian übt auch sonst intensiv Stilkritik; er etabliert Stilmuster (wobei er allenthalben konkrete, der literarischen Tradition entstammende Maßstäbe verwendet) und wirbt für deren Nachahmung. Die wichtigste Richtschnur ist Cicero; seine Werke werden am häufigsten zitiert; er genießt als Praktiker wie als Theoretiker der Rede eine schier unumschränkte Autorität (3,1,20; 10,1,105–112; 12,1, 14–22 u. ö.).

Quintilian war stärker noch als Cicero bestrebt, der Beredsamkeit ein sittliches Fundament zu geben. Er berief sich gern auf ein Wort des älteren Cato, auf dessen Maxime *vir bonus dicendi peritus* / »Ein Ehrenmann, der gut zu reden weiß« (1, pr. 9; 2,15,1 u. ö.), und verwahrte sich gegen die Auffassung, daß die Rhetorik ein bloßes Mittel der Überredung sei (2,15). Er übernahm das ciceronische Ideal des vollkommenen Redners (z. B. 1,10,4 f.); hierbei hat er allerdings den von seinem Vorgänger aufgestellten Kanon der Bildungsstoffe erheblich reduziert. Die Geschichtsschreibung muß sich im wesentlichen, wie alle andere Literatur, mit der Rolle des Stilmusters begnügen; das Recht erscheint als ein notwendiges, aber leicht erlernbares Beiwerk (2,5,1 u. ö.; 12,3). Quintilian fordert zwar philosophisches Wissen (12,2); er spricht indes, hierin an den bildungsgeschichtlichen Überblick im 3. Buch der ciceronischen Schrift »De oratore« anknüpfend, der Philosophie jedes Eigenrecht ab, da ihre Gegenstände von Hause aus Sache der Rhetorik seien, und bedenkt die Philosophen mit scharfer Kritik (1,pr. 11–17 u. ö; 11,1,35 u. ö.).

Nach Quintilian hat der lateinisch sprechende Westen des Römerreiches auf dem Felde der Rhetorik keine bedeutende Erscheinung mehr hervorgebracht. Zahlreiche Redelehrer minderen Ranges, die sogenannten *Rhetores Latini minores,* nahmen sich in ihren kurzen, abrißartigen Schriften teils des gesamten Stoffes, teils bestimmter Abschnitte des überkommenen Lehrgebäudes an; der dürftige eigene Beitrag bestand im Variieren der Terminologie, der Auswahl und der Anordnung. Der griechische Osten war kaum produktiver. Immerhin tritt dort um die Wende vom 2. zum 3. Jahrhundert wieder eine Persönlichkeit von einigem Profil aus dem Dunkel der Überlieferung hervor: Hermogenes aus Tarsos, ein Systematiker, der einerseits die Statuslehre fortentwickelte und andererseits – in seiner Schrift »Über Ideen«, d. h. über Grundbegriffe – einen wichtigen Versuch unternahm, die Stilistik in eine ebenso differenzierte wie überschaubare Ordnung zu bringen. Im 3. Jahrhundert endlich hat sich der Rhetor Menander aus Laodikeia am Lykos um die Theorie einer damals mit großem Eifer gepflegten Gattung, der Panegyrik, verdient gemacht; jedenfalls sind unter seinem Namen, wenn auch unvollständig, zwei einander ergänzende Traktate überliefert, welche Anweisungen für die verschiedenen Gegenstände und Arten epideiktischer Beredsamkeit enthalten.

II. TEIL

Das rhetorische System: ein Querschnitt

1. Die Methodik und die wichtigsten Gliederungsschemata der Lehrbücher, insbesondere die *officia oratoris*

Die erhaltenen Rhetorik-Handbücher, sowohl die griechischen als auch die lateinischen, zeigen bei allen Unterschieden in Umfang und Niveau sehr augenfällige Übereinstimmungen in der Art und Weise, wie sie ihren Stoff darbieten. Sie gehen nämlich allesamt systematisch vor, d. h. die einzelnen Vorschriften sind dort nur über ein Fächerwerk von einander untergeordneten Schemata zugänglich. Die Modalitäten der Über- und Unterordnung variieren; die Schemata werden bald so, bald anders zum Ganzen des rhetorischen Lehrgebäudes zusammengefügt. Die Methoden der Über- und Unterordnung hingegen, die man schon im ältesten erhaltenen Handbuch, bei Anaximenes aus Lampsakos, voll ausgebildet findet, sind stets dieselben geblieben.

Der Stoff, die Theorie der Rede, wird in der Form einer möglichst geschlossenen Begriffspyramide dargeboten. Die oberste Gattung – in diesem Falle: die Kunst der Rede – steht an der Spitze; sie wird mit Hilfe von Einteilungen in Gattungen zweiten, dritten, vierten Grades usw. zerlegt, bis die Arten, die untersten Fächer des Systems, erreicht sind, in denen dann die einzelnen Anweisungen zur Sprache kommen. Hierbei gingen die Rhetoren sehr pedantisch vor: der Aufzählung der Begriffe, die jeweils eine Einteilung ausmachten, pflegten zunächst deren Definition und sodann die eigentliche Behandlung des jeweiligen Systemausschnitts zu folgen; bei der Behandlung wiederum wurde sorgsam darauf geachtet, daß die Anordnung der einzelnen Punkte mit der Reihenfolge übereinstimmte, in der die Einteilung die zugehörigen Begriffe gebracht hatte. Das Verfahren hat somit, auf sein Skelett reduziert, etwa folgendes Aussehen: x ist... (an dieser Stelle wird die Systemspitze, die Redekunst, definiert). x gliedert sich in a, b, c... a ist..., b ist..., c ist... a besteht aus α und β. α ist... Wenn der Autor hiermit die unterste Stufe seines Systems erreicht hat, dann läßt er nunmehr die einschlägigen Anweisungen folgen; er fährt also etwa so fort: bei α muß man beachten... Und wenn die ins Fach α gehörigen Vorschriften abgehandelt waren, dann wandte er sich den fürs Fach β bestimmten zu. Hatte der Autor mit β den ganzen Sektor a vorgeführt, dann stieg er wieder auf die nächsthöhere Systemstufe, d. h. er wandte sich nunmehr dem Sektor b zu usw. Für alle diese Prozeduren hatte sich ein stereotypes Vokabular, die Terminologie der Begriffs- und Systemlogik eingebürgert, wie sie z. B. auch in der Topik des Aristoteles begegnet. Die Einteilung pflegte bei den Rhetoren *διαίρεσις* (dihaíresis) / *divisio – distributio* zu heißen, die Gattung *γένος* (génos) / *genus,* die Art *εἶδος* (eídos) / *species* und die Definition *ὅρος* (hóros) / *definitio.*

Nicht nur die Methoden der Systementfaltung, sondern auch die hierbei verwendeten Schemata selbst wurden, wenn sie einmal gefunden waren, getreulich von Jahrhundert zu Jahrhundert tradiert – der einzelne Rhetor befand, wie schon festgestellt, lediglich darüber, welchem Schema welcher Rang zuzuweisen sei. Schon der älteste Bericht über die Theorie der Rhetoren und den Inhalt ihrer Lehrbücher, der platonische »Phaidros« (er befaßt sich mit den Verhältnissen des ausgehenden 5. Jahrhunderts, spiegelt also einen Zustand, der den ältesten erhaltenen Lehrbüchern um mehr als ein halbes Jahrhundert vorausgeht), läßt eines der Hauptschemata erkennen, die in der antiken Tradition ständig wiederkehren, die *μέρη λόγου* (mérē lógū) / *partes orationis* / Teile der Rede: Platon nennt die Einleitung, die Erzählung, eine Reihe von Beweis- und Überredungsmitteln sowie den Epilog;

es fehlt nur noch die *τάξις* (táxis) / *dispositio* / Stoffgliederung (266c–267d).

Bei diesen Schemata ist großenteils unbekannt oder unsicher, wer sie aufgebracht hat, wann sie aufgekommen sind. Im allgemeinen läßt sich lediglich ein terminus ante quem feststellen, d. h. wenn sich ein Schema zum ersten Male in einem der erhaltenen Rhetorik-Handbücher findet, dann resultiert hieraus, daß dieses Schema spätestens von dem betreffenden Rhetorik-Handbuch eingeführt worden ist. Die pseudo-ciceronische »Rhetorik an Herennius« enthält zum ersten Male sämtliche wichtige Einteilungsprinzipien, wenn auch zum Teil in eigenwilliger Umformung. Diese Einteilungsprinzipien sind:

1. *ἔργα τοῦ ῥήτορος* (érga tū rhḗtoros) / *officia oratoris* / die Arbeitsgänge beim Herstellen einer Rede: die Stoffauffindung, die Stoffgliederung, die Stilisierung usw.;
2. *γένη τῶν λόγων* (génē tōn lógōn) / *genera causarum* / die Redegattungen: die Volksrede, die Gerichtsrede, die Festrede;
3. *μέρη τοῦ λόγου* (mérē tū lógū) / *partes orationis* / die Redeteile: Einleitung, Erzählung, Beweisführung usw.;
4. *στάσεις* (stáseis) / *status – constitutiones* / die ›Status‹ (= Streitstände): Frage nach dem Täter, juristische Definition des Sachverhalts, Frage nach der Rechtmäßigkeit der Tat usw.;
5. *ἀρεταὶ τῆς λέξεως* (aretaí tēs léxeōs) / *virtutes dicendi* / die Stilqualitäten: Sprachrichtigkeit, Klarheit, Angemessenheit, Redeschmuck;
6. *χαρακτῆρες τῆς λέξεως* (charaktḗres tēs léxeōs) / *genera elocutionis* / die Stilarten: schlichter, mittlerer, erhabener Stil.

Die *officia oratoris* sind insofern das umfassendste Schema der rhetorischen Theorie, als sich alle übrigen Schemata mit geringer Mühe darin unterbringen lassen; wer sie – wie der Anonymus an Herennius – zum obersten Einteilungsprinzip macht, erhält also eine einzige in sich geschlossene Begriffspyramide. Die rhetorische Tradition

hat nämlich die Herstellung einer Rede stereotyp in die folgenden fünf Arbeitsgänge oder -phasen gegliedert:
1. εὕρεσις (heúresis) / *inventio* / Stoffauffindung;
2. τάξις (táxis) / *dispositio* / Stoffgliederung;
3. λέξις (léxis) / *elocutio* / Stilisierung;
4. μνήμη (mnḗmē) *memoria* / Auswendiglernen;
5. ὑπόκρισις (hypókrisis) / *pronuntiatio – actio* / Vortrag.
Und hierbei dienen die Kategorien Stoffauffindung und Stilisierung lediglich als große Schubfächer, als zusammenfassende Ordnungsbegriffe; die konkreten Anweisungen folgen erst im Rahmen weiterer, untergeordneter Schemata. So pflegt das Gebiet der Stoffauffindung die Lehren von den Redeteilen und den Status, mitunter auch die von den Redegattungen zu umfassen, und unter der Rubrik Stilisierung werden sowohl die Stilqualitäten als auch die Stilarten abgehandelt. Anders steht es allerdings mit den drei übrigen Arbeitsgängen: für sie wußte man nur eine verhältnismäßig geringe Anzahl von Empfehlungen mitzuteilen, die sich ohne erheblichen organisatorischen Aufwand vorführen ließen.

Die Stoffgliederung machte ein besonders dürftiges Kapitel aus – begreiflicherweise, da ja mit den Redeteilen, der konventionellen Fünf- oder Sechsteilung der Rede, bereits eine feste Disposition gegeben war und da man Einzelheiten im Rahmen der für einen jeden Redeteil einschlägigen Vorschriften abhandeln konnte. Einiges Gewicht kommt allenfalls der Unterscheidung von ›natürlicher‹ und ›künstlicher‹ Stoffgliederung zu: man wendet in der Regel das übliche Schema an (Einleitung, Erzählung usw.); in bestimmten Fällen hingegen kann man Teile weglassen oder umstellen (Fortunatian 3,1; ähnlich, aber mit anderer Terminologie die Rhetorik an Herennius 3,16f.). Was die Theorie über dieses Gebiet zu sagen wußte, nimmt sich insbesondere deshalb recht armselig aus, weil die praktische Beredsamkeit eine große Vielfalt von einmaligen, situationsbedingten Zweckformen hervorgebracht hat; wer das Raffinement erfassen will, das

z. B. Cicero beim Disponieren seiner Reden praktiziert hat, der ist ganz und gar auf die Analyse der Reden selbst angewiesen – die rhetorische Theorie vermag ihn hierüber nichts zu lehren.

Da der antike Redner frei zu sprechen pflegte, da er somit den präparierten Vortrag – zumindest im Umriß – auswendig lernen mußte, gehörte ein gewisses Gedächtnistraining zu den selbstverständlichen Requisiten des rhetorischen Unterrichts. Die Handbücher pflegen eine Mnemotechnik zu empfehlen, die auf sogenannten Gedächtnisörtern und Gedächtnisbildern beruht. Man stelle sich z. B. ein Haus mit vielen Zimmern vor, ein wirkliches oder ein erdachtes, doch so, daß über die Anordnung keinerlei Zweifel besteht; dann verteile man den jeweiligen Redestoff auf diese Zimmer, wobei jeder Abschnitt der Rede durch einen in einem jeden Zimmer untergebrachten Gegenstand, das Gedächtnisbild, symbolisiert wird – in dem Zimmer, das für eine Seefahrt steht, hängt ein Anker, in demjenigen, das an einen Kampf erinnern soll, ein Schwert usw. (Rhetorik an Herennius 3,28–40; Quintilian 11,2,17–22).

Demosthenes soll, als man ihn fragte, was beim Reden das Wichtigste sei, geantwortet haben: »Der Vortrag«, und bei der Frage nach dem Zweit- und Drittwichtigsten wiederum: »Der Vortrag« (so z. B. Cicero, Brutus 142). Die fünfte und letzte Phase bei der Herstellung einer Rede, ihre Darbietung vor der Zuhörerschaft, für die sie verfaßt war, hieß *ὑπόκρισις* (hypókrisis) / *actio*, wie die Schauspielkunst – weshalb denn Cicero sich beeilt, die Redner als *veritatis actores* (»Darsteller der Wirklichkeit«) von den Mimen, den *imitatores veritatis* (»Nachahmern der Wirklichkeit«) zu unterscheiden (De oratore 3,214). Gleichwohl spiegelt die gemeinsame Bezeichnung Gemeinsamkeiten der Sache: die Überzeugungskraft, die der Redner seinen Worten durch die Art seines Vortrages zu verleihen suchte, beruhte nicht anders als die mitreißende Wirkung des Schauspielers auf Übung und bewußtem Einsatz der je geeigneten Mittel, und hier wie dort kam es einerseits auf die Modulation der Stimme *(vox)*, andererseits auf die Mimik und Gestik *(motus)* an.

Der Anonymus an Herennius (3,19–27) und zumal Quintilian (11,3) warten für den Vortrag mit einer Fülle von Detailvorschriften auf. Die Stimme, durch ihre natürlichen Merkmale wie Stärke, Ausdauer und Klangfarbe bei jedem Redner von verschiedener Beschaffenheit, bedarf ständiger Übung und Pflege. Man trage Tag für Tag laut auswendig gelernte Texte vor; man sei auf eine einfache, gesunde Lebensführung bedacht. Man muß sorgfältig artikulieren, ohne Beeinträchtigung der Endsilben; man darf sich nicht heiser schreien und nicht hetzen – der Hörer muß ja auch Zeit haben, das Gesprochene aufzunehmen. Man wisse mit seinem Atem hauszuhalten, man vermeide alles Sich-Räuspern und Husten, man sei auf der Hut vor affektiertem Singsang. Und schließlich: man passe sich durch innere Anteilnahme an die Stimmung an, welche die jeweils vorgetragene Partie erfordert, um zu wirken und zu überzeugen.

Fast noch genauer lauten die Empfehlungen zur Körperhaltung und Gestik. Einige Regeln leuchten auch heute noch unmittelbar ein: daß der Redner nicht versuchen dürfe, das Vorgetragene durch seine Gebärden wie ein Pantomime zu veranschaulichen; daß er heftige, eckige Bewegungen meiden müsse; daß es unschön, ja lächerlich sei, mit den Schultern zu zucken, immerfort Stand- und Spielbein zu wechseln oder allzu oft auf der Rednerbühne auf und ab zu gehen. Anderes bereitet dem modernen Leser Verständnisschwierigkeiten – so insbesondere die detaillierten Vorschriften, mit denen Quintilian die je passende Haltung der Finger festzulegen sucht: daß der gewöhnlichste Gestus darin bestehe, den Mittelfinger mit dem Daumen zusammenzuschließen, während die drei übrigen Finger ausgestreckt blieben; daß man aber auch Mittel- und Ringfinger unter den Daumen nehmen könne, welche Haltung drängender sei als die erste usw.

2. Die Gattungen der Rede und die Redeteile

»Die Gattungen, mit denen sich die Redekunst befaßt, sind drei an der Zahl«, verlautet lapidar zu Beginn des Kapitels 1,3 der aristotelischen »Rhetorik« (gemeint sind die Volks-, die Gerichts- und die Festrede), und bei dieser auf Aristoteles zurückgehenden Dreiteilung ist es während der ganzen Antike geblieben. Nur das etwas ältere Lehrbuch des Anaximenes kennt sie noch nicht: dort werden lediglich die Volks- und die Gerichtsrede genannt, die – wohl beide – sieben ›Arten‹, siebenerlei Schwerpunkte enthalten können: Zuraten und Abraten, Loben und Tadeln, Anklagen und Verteidigen sowie Prüfen. So weiß es jedenfalls die ursprüngliche, von Quintilian (3,4,9) referierte Fassung des Anfangs der Anaximenes-»Rhetorik«; wie die handschriftliche Überlieferung bezeugt, hat man dort später die dritte Gattung, die Festrede, eingefügt, um das Werk auf den mit Aristoteles erreichten Stand zu bringen. Dieser Stand – die Dreiteilung der Gattungen sowie das Dogma, daß zu jeder Gattung ein Paar der ersten sechs von Anaximenes aufgezählten ›Arten‹ gehöre: Zuraten und Abraten zur Volksrede usw. – hätte nicht über jeden Zweifel erhaben sein sollen: es gab in der antiken Lebenswirklichkeit auf der einen Seite die praktische Beredsamkeit und auf der anderen den Festvortrag, und in beiden Bereichen kamen zumindest sowohl Zuraten und Abraten als auch Loben und Tadeln vor; es hätte somit als problematisch erscheinen müssen, daß man die Festrede – so richtig man bei ihr voraussetzte, daß sie nicht die Aufgabe hatte, auf eine konkrete Entscheidungssituation einzuwirken – schlankweg mit den Grundfunktionen Loben und Tadeln (moderner ausgedrückt: positiv und negativ Beurteilen) identifizierte. Immerhin, die Dreiteilung erwies sich trotz der etwas gewalttätigen Reduktion der Wirklichkeit als brauchbar.

Aristoteles leitet die drei Gattungen daraus ab, daß es

drei Sorten von Zuhörern gebe. Zu einer Rede, erläutert er zunächst, womit er so etwas wie ein kommunikationstheoretisches Modell skizziert, gehöre nämlich dreierlei: der Redner, der Gegenstand der Rede sowie jemand, zu dem und um dessentwillen geredet werde, d. h. der Zuhörer. Dieser wiederum höre notwendigerweise entweder als Genießender oder als Entscheidender zu, als Entscheidender sei es über Vergangenes, sei es über Künftiges; als Genießender höre er sich Festreden an, als Entscheidender über Vergangenes Gerichtsreden, als Entscheidender über Künftiges Volksreden. Aristoteles läßt nunmehr die schon erwähnte Zuweisung von Funktionspaaren folgen: die Volksrede, die beratende Rede zielt auf Zu- oder Abraten, die Gerichtsrede auf Anklage oder Verteidigung, die Festrede auf Lob oder Tadel – obwohl (eine weitere Gewaltsamkeit der aristotelischen Systematik) die Tadelrede in der Praxis so gut wie gar nicht vorkam. Aristoteles insistiert sodann auf den je verschiedenen Zeitsphären, deren die einzelnen Gattungen sich anzunehmen pflegen: die Gerichtsrede hat Vergangenes (was ist geschehen?), die Volksrede Künftiges (was soll geschehen?) und die Festrede Gegenwärtiges (was ist, was liegt vor?) zum Gegenstand – richtiger: die Festrede ist nicht strikt an eine bestimmte Zeitsphäre gebunden.

Schließlich glaubt Aristoteles je verschiedene Zwecke oder Maßstäbe der drei Gattungen namhaft machen zu können. So komme es bei der beratenden Rede zuallererst auf den Nutzen und Schaden, auf die mutmaßliche Bilanz von beidem an, und nur hilfsweise berufe sich jemand, der Rat erteile, auch auf andere Kriterien, wie gerecht – ungerecht, ehrenhaft – unehrenhaft usw. Entsprechendes gelte für die Gerichtsrede: bei ihr sei die Frage gerecht – ungerecht das Wichtigste, und alles andere werde erst in zweiter Linie in Betracht gezogen. Und bei der Festrede endlich gehe es vornehmlich um den Gesichtspunkt ehrenhaft – unehrenhaft. Diese von Aristoteles den drei Gattungen zugeordneten Maßstäbe finden sich bereits bei

Anaximenes, und zwar als Topik der Beratungsrede (Kap. 1): wer zu einer bestimmten Handlung rate, müsse dartun, daß sie gerecht, gesetzlich, vorteilhaft, ehrenhaft, angenehm und leicht auszuführen sei; wenn sie sich aber nur unter Schwierigkeiten ausführen lasse, dann habe er zu beweisen, daß man sie einerseits ausführen könne und andererseits ausführen müsse. Der Abratende wiederum solle die entgegengesetzten Gesichtspunkte ins Feld führen: es sei ungerecht, ungesetzlich, unvorteilhaft usw., die betreffende Handlung vorzunehmen. In der späteren Tradition wurde dieser Katalog von Kriterien, eine Art heuristischen Rasters für die Argumentation, durch den Terminus *τελικὰ κεφάλαια* (teliká kephálaia) / *capita finalia* (»den Redezweck betreffende Gesichtspunkte«) gekennzeichnet; einige, z. B. Cicero, reduzierten und konzentrierten die Begriffsreihe auf die Antithese nützlich – ehrenhaft.

Aristoteles hielt nur zwei Teile der Rede für wirklich notwendig und alles übrige für unnütz; diese beiden Teile sind die *πρόθεσις* (próthesis), die Darlegung des Sachverhalts, und die *πίστις* (pístis), der Beweis (Rhetorik 3,13). Die folgenden Darlegungen halten sich indes an die Konvention der Schulrhetorik, welche folgende Teile zu unterscheiden pflegte: die Einleitung, die Erzählung oder Schilderung des Sachverhalts, die Gliederung, den eigenen Beweis und die Widerlegung des Gegners, den Schluß. Hierbei wird, wie in den antiken Lehrbüchern üblich (auch der Anonymus an Herennius handhabt die Sache so), vor allem auf die jeweils einschlägige, besonders reiche Topik der Gerichtsrede eingegangen; die Besonderheiten der beiden anderen Gattungen waren kaum mehr als Annexe.

Die Einleitung heißt *προοίμιον* (prooímion; von *οἴμη* / oímē, Gesang; der Ausdruck hat demnach ursprünglich das instrumentale Vorspiel hierzu bezeichnet), lateinisch *principium* oder *exordium*. Ihr Hauptzweck besteht darin, den Hörer, bei der Gerichtsrede also den Richter, auf den

Gegenstand der Rede vorzubereiten, ihn zu ihm hinzuführen, indem man, wie eine verbreitete Formel lautet, sein Wohlwollen, seine Aufmerksamkeit und seine Empfänglichkeit weckt.

Die Erzeugung von Wohlwollen, die bekannte *captatio benevolentiae*, wurde für überaus wichtig gehalten; man hatte hierbei sei es von der eigenen Person, sei es von der des Gegners, sei es von der des Richters oder schließlich von der Sache selbst auszugehen (Rhetorik an Herennius 1,8; Quintilian 4,1,6–32). Von der eigenen Person ging man aus, indem man dartat, daß man durch die lautersten Motive dazu bestimmt worden sei, die Anklage oder die Verteidigung zu übernehmen, indem man sich insbesondere auf die zwingende sittliche Pflicht berief, einem Freunde, der überdies ein durch und durch redlicher Mann sei, zu helfen. Von der eigenen Person her konnte man im Falle einer Anklage auch in der Weise argumentieren, daß man sagte, man handele aus gerechter Empörung über die Verwerflichkeit der zur Verhandlung stehenden Missetaten oder weil man nicht umhin könne, den Angeklagten für einen gefährlichen Feind des ganzen Staatswesens zu halten usw. – sowohl die Theorie als auch die Praxis verfügten auf diesem Felde über einen reichen Schatz von Argumentationsfiguren. Dasselbe gilt für die drei übrigen Perspektiven der *captatio benevolentiae*. Es ist zweckmäßig, von der Person des Gegners auszugehen: man errege Haß, Mißgunst oder Verachtung gegen sie. Es empfiehlt sich, bei den Richtern anzuknüpfen: man lobe sie als bewährte Männer, die schon oft richtig geurteilt hätten, oder appelliere an ihre Pflicht, sich allein von Gesetz und Recht leiten zu lassen. Man hält es für das Aussichtsreichste, sich auf die Sache selbst zu berufen: man suche die eigene Situation in ein möglichst helles, die des Gegners in möglichst trübes Licht zu rücken; man weise auf die Konsequenzen hin, welche eine Entscheidung zugunsten des Gegners für die eine und die andere Seite mit sich bringe usw.

Über die beiden anderen Funktionen der Einleitung, die Herstellung von Aufmerksamkeit (*auditores attentos facere*) und von Empfänglichkeit (*auditores dociles facere*), zwei nahezu identische Punkte, geben die Handbücher weit spärlichere Auskunft (Rhetorik an Herennius 1,7; Quintilian 4,1,33–39). Man kann z. B. erklären, daß man über große, neuartige, ganz ungewöhnliche Dinge zu reden habe, etwa über einen Angeklagten von ausgesuchter Schlechtigkeit, oder man behauptet, der Prozeß tangiere das Wohl des Staates oder den Götterkult. Wenn möglich, stelle man Kürze in Aussicht, oder man rechtfertige weit ausholende Darlegungen mit den Erfordernissen der Sache. Wem speziell darum zu tun ist, die Empfänglichkeit, die Aufnahmebereitschaft seiner Zuhörerschaft zu steigern, der suche zu Beginn den Gegenstand seiner Ausführungen bündig zu umschreiben.

Nicht alle Fälle sind gleich: je nach der Lage der Sache hat der Redner eine günstigere oder ungünstigere Position. Hierauf muß schon am Anfang, und vor allem dort, Bedacht genommen werden - die einschlägigen Maßregeln gehören daher ebenfalls zur Lehre von der Einleitung. Man klassifizierte die Vielfalt möglicher Positionen im Schema der *genera causarum* (»Gattungen von Fällen«, »Grade der Vertretbarkeit«). Die »Rhetorik an Herennius« nennt deren vier (1,5–6): die *genera honestum, turpe, dubium* und *humile* (»die ehrenhafte, die schimpfliche, die zweifelhafte und die niedrige Gattung«), wobei die Kategorie *dubium* die Mischung von Ehrenhaftem und Schimpflichem und die Kategorie *humile* Fälle bezeichnet, die wegen der Gewöhnlichkeit der Beteiligten und des Streitgegenstandes von sich aus kaum Beachtung finden. Andere Theoretiker wissen noch von einem *genus obscurum* als einem Inbegriff für »Undurchsichtiges«: der Fall ist kompliziert, und man hat Mühe, den Sachverhalt zu verstehen. Nun ist je nach dem Grade der Vertretbarkeit bald die eine, bald die andere Funktion der Einleitung von größerem Gewicht: beim *genus dubium* muß der Redner vor allem auf das Wohlwollen seiner Zuhörer erpicht sein; beim *humile* kommt es ihm vor allem darauf an, Aufmerksamkeit zu erregen, und beim *obscurum*, die Empfänglichkeit zu steigern.

Das *genus turpe* endlich wollen einige Handbücher, darunter auch die »Rhetorik an Herennius«, durch einen besonderen Typus von Einleitung eröffnet wissen, den sie als *insinuatio* (eigentlich »Eingang auf gekrümmter Bahn«, also etwa »Einschmeichelung«) bezeichnen: man mogele sich bei dieser schwierigen Ausgangsposition gewissermaßen in die Gesinnung der Zuhörerschaft hinein – ein Verfahren, das sich auch dann empfiehlt, wenn die Vorredner das Publikum ungünstig gestimmt oder ermüdet haben (1,9–11). Quintilian wiederum hält für alle schwierigen Fälle die folgende einleuchtende Faustregel bereit (4,1,44): einer schlechten Sache komme die Person, einer schlechten Person die Sache zu Hilfe; wenn sich aber auf der eigenen Seite überhaupt nichts Positives findet, dann suche man nach Negativem auf der Seite des Gegners.

Eine Erzählung, eine Schilderung des Sachverhalts – *διήγησις* (dihḗgēsis) / *narratio* – erübrigt sich in einem zweiten Plädoyer (dann ist es angebracht, kurz zu rekapitulieren) oder wenn es nicht um Tat-, sondern um Rechtsfragen geht – der Angeklagte ist geständig, beansprucht aber, daß sein Verhalten anders bewertet wird. Quintilian bestimmt sie als »glaubwürdige Darstellung eines tatsächlichen oder scheinbar tatsächlichen Geschehens« (4,2,31) – sie darf eben parteiisch sein und soll nach Möglichkeit der eigenen Sache des Redenden dienen.

Das Kernstück der Vorschriften über die Erzählung ist die Lehre von den drei guten Eigenschaften, die sie haben muß: sie sei deutlich, kurz und wahrscheinlich – *σαφής* (saphḗs) / *perspicua, σύντομος* (sýntomos) / *brevis* und *πιθανή* (pithanḗ) / *verisimilis;* so der einhellige Chor der Handbücher seit Anaximenes (30,4–11). Aristoteles allerdings erklärt das Erfordernis der Kürze für lächerlich:

Weitschweifigkeit verbiete sich in allen Teilen der Rede, nicht nur in der Erzählung, und nicht auf Kürze, sondern auf Angemessenheit komme es an – der Redner müsse sagen, was um seiner Absichten willen erforderlich sei (Rhetorik 3,16). Gegen diese strenge Kritik läßt sich einwenden, daß wohl gerade die Erzählung den Redner in Versuchung führen konnte, aus Freude an der eigenen Darstellungskunst mit unnötigen Einzelheiten aufzuwarten. Und so gewiß nicht nur die Kürze (oder Angemessenheit), sondern auch die beiden anderen Qualitäten der ganzen Rede dienlich sind, so sehr hängt gerade bei der Erzählung das Gelingen von ihnen ab: dem Zuhörer muß klar und widerspruchsfrei vor Augen stehen, wie sich das Geschehen nach der Darstellung des Redners abgespielt haben soll; die Sachverhaltsschilderung ist die Grundlage des Beweisverfahrens, und beides muß zueinander stimmen wie Topf und Deckel.

Deutlich ist eine Erzählung teils durch ihren Inhalt, teils durch ihre Form. Die inhaltliche Deutlichkeit wird zuallererst dadurch verbürgt, daß man alle Gegebenheiten oder Umstände des Falles, die sogenannten Peristasen, mitteilt: die Personen, die Handlungen, die Motive, die Zeit, den Ort usw. – hierüber mehr im einleitenden Abschnitt zur Status-Lehre, bei der Behandlung der Thesen und Hypothesen. Außerdem sei man darauf bedacht, nichts Wichtiges wegzulassen und alles in der natürlichen Reihenfolge, ohne Vor- und Rückgriffe, zu berichten. Die formale Deutlichkeit endlich ist dadurch bedingt, daß man gesuchte und ungewöhnliche Ausdrücke sowie verzwickte Satzungetüme nach Möglichkeit meidet (Rhetorik an Herennius 1,15; Quintilian 4,2,36–39).

Kurz ist eine Erzählung, wenn sie auf alles verzichtet, was wegbleiben kann, ohne daß der Verständlichkeit oder den Absichten des Redners Eintrag geschieht. Außerdem soll man raffen; man darf z. B. nicht sagen: »Weil ich Kinder haben wollte, nahm ich eine Frau; ich bekam einen Sohn und zog ihn auf, bis er erwachsen war«, wenn die einfache Feststellung genügt: »Ich habe einen erwachsenen Sohn«. Allerdings würde bei allzu großer Gedrungenheit die Deutlichkeit leiden; daher ist es weniger schlimm, etwas zu viel zu bringen, als etwas zu wenig (Rhetorik an Herennius 1,14; Quintilian 4,2,40–51).

Die Wahrscheinlichkeit bemißt sich nach der allgemeinen Lebenserfahrung: »Eine Erzählung ist wahrscheinlich, wenn wir so berichten, wie es dem Herkommen, der allgemeinen Erwartung, dem Wesen der Sache entspricht« (Rhetorik an Herennius 1,16). Hierauf muß man auch achten, wenn man die blanke Wahrheit sagt: das Wahre, das unwahrscheinlich ist, klingt unglaubwürdig. Diese Maxime gehört zum ältesten Bestand der rhetorischen Theorie; sie geht, wie bereits zu Beginn des Kapitels 1,1 dargetan wurde, auf die sizilischen Rhetoren Korax und Teisias, die angeblichen Begründer der Disziplin, zurück. Aristoteles will sie – in entsprechend veränderter Form – auch auf Dichtungen angewandt wissen (Poetik 24/25): »Das Unmögliche, das wahrscheinlich ist, verdient den Vorzug vor dem Möglichen, das unglaubwürdig ist.« Man muß, verlautet weiterhin in den Vorschriften zur Wahrscheinlichkeit, darauf achten, daß alle Umstände zueinander passen, und zumal die Charaktere zu den Handlungen (ein wichtiger, von Cicero meisterlich befolgter Grundsatz); man leite die Tatsachen aus ihren Gründen ab; man bereite durch Andeutungen die Beweise vor, die man ins Feld zu führen gedenkt. Bei Sachverhalten, die gegen die eigene Position sprechen, verschweige man, was sich irgend verschweigen läßt; wenn man etwas erfindet, dann muß man mit größter Sorgfalt auf die Wahrscheinlichkeit und die innere Stimmigkeit achten, und auch unter dieser Voraussetzung sind Erfindungen nur möglich, wenn es keine Zeugen gibt (Rhetorik an Herennius 1,16; Quintilian 4,2,52–60).

Die Vorzüge der Deutlichkeit und Kürze brauchen nicht auszuschließen, daß der Redner bei der Schilderung des Sachverhalts durch Anmut zu fesseln weiß. Ferner empfiehlt es sich, die jeweils angemessene Höhe des Stils zu wählen: in Privatprozessen spricht man schlicht, jedoch ohne Monotonie; bei Verbrechen darf sich auch die Erzählung zu stärkerem Pathos erheben. Allgemein aber gilt, daß es gut ist, nach bildhafter Eindringlichkeit zu streben, nach einer »glaubwürdigen Wiedergabe der Ereignisse, welche den Zuhörern das Geschehen gleichsam vor Augen zu stellen scheint« (Quintilian 4,2,61–63; 116–124).

Für den Übergang von der Erzählung zur Beweisführung wissen die Handbücher zwei fakultative Elemente von geringerer Länge und Bedeutung anzugeben: einmal den Exkurs, die *παρέκβασις* (parékbasis) / *egressio,* zum anderen die Ankündigung des Beweisziels, die *πρόθεσις* (próthesis) / *propositio – partitio.* Der Exkurs vermag als angenehme Unterbrechung erholsam zu wirken; man darf ihn aber nur dann einfügen, wenn er mit dem Vorausgehenden und Folgenden zusammenhängt (Quintilian 4,3). Die *propositio* umreißt den Streitpunkt, um den es bei den bevorstehenden Beweisen geht; wenn es sich um mehrere Punkte handelt, dann werden sie in einer *partitio* der Reihe nach vorgeführt. Die »Rhetorik an Herennius« nennt die Ankündigung des Themas *divisio:* man fasse zunächst zusammen, worin man sich mit dem Gegner einig ist und worin nicht; dann lasse man entweder eine Aufzählung oder eine einfache Bekanntgabe folgen (1,17). Eine einmal mitgeteilte Gliederung muß der Redner strikt einhalten; er darf allerdings gelegentlich auf die Vorbereitung eines Beweisthemas verzichten (»jetzt hätte ich fast vergessen«): so kann er Spannung erzielen (Quintilian 4,5; Cicero, De inventione 1,31–33).

Der Beweis, die Beweisführung, von den Griechen gewöhnlich im Plural *πίστεις* (písteis), »Beweise«, genannt, von den Römern *confirmatio, probatio* oder *argumentatio,* nebst der Widerlegung des Gegners, der *λύσις* (lýsis) / *confutatio – refutatio,* ist der wichtigste, der schlechthin unentbehrliche Teil der Gerichtsrede, der Teil, um dessentwillen das ganze Plädoyer stattfindet. Neben dem Dogma von den Gattungen der Rede hat die aristotelische »Rhetorik« vor allem auf dem Felde der Beweislehre die antike Theorie geprägt; sie selbst besteht ja großenteils aus einer ungemein ausführlichen Behandlung dieser Materie. Eine grundsätzliche Unterscheidung, die Aristoteles dort, Anregungen der älteren rhetorischen Tradition aufnehmend, trifft, hat sich fast allgemein durchgesetzt (so mit Recht Quintilian im ersten Satz des 1. Kapitels des die Beweisführung behandelnden 5. Buches): die Unterscheidung von *πίστεις ἄτεχνοι* und *ἔντεχνοι* (písteis átechnoi, éntechnoi), von *probationes inartificiales* und *artificiales*. Die Beweise der erstgenannten Kategorie sind mit dem Fall gegeben, und der Redner braucht um ihretwillen keinerlei Kunst oder Technik aufzuwenden – daher der Name ›untechnische‹ Beweise. Die Beweise der zweiten Kategorie hingegen, die ›technischen‹, muß der Redner selbst hervorbringen, indem er sie mit Hilfe seiner Technik aus den inneren Zusammenhängen des Falles erschließt. Zu den untechnischen Beweisen gehören Gesetze, Gerichtsurteile, Urkunden, Zeugen, peinliche Verhöre und anderes mehr; bei den technischen Beweisen handelt es sich um logische Operationen, die auf Grund von Gewißheiten oder Wahrscheinlichkeiten dem noch Ungewissen ein möglichst hohes Maß von Glaubwürdigkeit verschaffen sollen. Nach Aristoteles gibt es zwei Grundtypen derartiger logischer Operationen: einmal den rhetorischen Schluß, das *ἐνθύμημα* (enthýmēma), zum anderen das Beispiel, das *παράδειγμα* (parádeigma), d. h. ein deduktives und ein induktives Verfahren, die beide in eine für die Gegenstände und Zwecke der Redekunst angemessene Form gebracht sind. Cicero beschreibt die fundamentale Zweiteilung der Beweise wie folgt (De oratore 2,116–117):

Fürs Beweisen steht dem Redner zweierlei Material zu Gebote: einmal auf Grund der Gegebenheiten, die sich der Redner nicht ausdenken kann, die in der Sache liegen und somit nur mit Methode benutzt werden müssen, wie z. B. Verträge, Zeugenaussagen, Abmachungen, peinliche Verhöre, Gesetze, Senatsbeschlüsse, richterliche Entscheidungen, Erlasse, Rechtsauskünfte und was sonst noch etwa nicht vom Redner herausgefunden, sondern durch die Sache und die Prozeßbeteiligten an ihn herangetragen wird; zum anderen auf Grund von dem, was ganz und gar von der Darstellung und Argumentation des Redners abhängt. Daher muß man sich im ersten Falle nur überlegen, wie man die Beweise benutzt, im zweiten auch, wie man sie findet.

Aristoteles handelt die untechnischen, die nicht kunstgemäßen Beweise ziemlich kurz ab (Rhetorik 1,15); ausführlicher läßt sich Quintilian auf diese mehr zur Advokatenpraxis als zur Rhetorik gehörige Materie ein (5,2–7). Es geht hierbei stets um die methodische Benutzung von Vorhandenem durch allgemeine Gesichtspunkte pro et contra, durch Topoi: was kann man vorbringen, wenn etwas für, was, wenn etwas gegen die eigene Sache spricht. So z. B. beim Gesetz. Wenn es die eigene Sache unterstützt, dann sage man: wozu es das Gesetz denn gebe; ein nicht angewendetes Gesetz sei so gut wie nichtexistent; man dürfe nicht klüger sein wollen als der Gesetzgeber usw. Wenn es hingegen der eigenen Sache im Wege steht, dann muß man darauf hinweisen, daß positive Gesetze nicht immer der Weisheit letzter Schluß seien, daß die Gerechtigkeit in diesem Falle eine vom Gesetz abweichende Billigkeitsentscheidung fordere, oder man muß Gesetze beizubringen suchen, die sich mit dem angeführten nicht vereinbaren lassen. Ähnliche Gesichtspunkte standen auch für Vorentscheidungen zu Gebote, und man konnte sich je nach Lage der Dinge auf die Ähnlichkeit oder Unähnlichkeit des entschiedenen Falles mit dem zu entscheidenden berufen. Für Geständnisse wiederum, die durch die Folter erzwungen waren (insbesondere von Sklaven), gab es seit Anaximenes (Kap. 16) stereotype loci communes: der normale Zeuge könne lügen, der peinlich verhörte hingegen sage die Wahrheit, um die Pein loszuwerden (so ein Argument pro); wer gefoltert werde, richte sich nach dem Willen des Folternden, um möglichst bald davon loszukommen (so ein Argument contra). Und so weiter: auch Urkunden und Verträge, auch eidlich bekräftigte Aussagen ließen sich, wie es sich gerade traf, einerseits als glaubwürdig und unanfechtbar, andererseits als falsch und nichtig hinstellen.

Schließlich die wichtigste untechnische Beweisform, die gewöhnliche Zeugenaussage: »Den meisten Schweiß ruft bei den Anwälten die Behandlung der Zeugen hervor« (Quintilian 5,7,1). Es war eben in der Antike auch bei Strafprozessen im allgemeinen Sache der Parteien, möglichst viel aus den Zeugen herauszuholen, nicht der Gerichte, und eine eigene öffentliche Anklagebehörde gab es nicht. So grassierte denn auch in diesem Bereich seit den Tagen des Anaximenes (Kap. 15) die rhetorische Topik. Entweder ist ein Zeugnis glaubwürdig, unglaubwürdig oder zweifelhaft, oder aber ein Zeuge; der Redner muß demgemäß sein Für und Wider bald auf das Zeugnis, bald auf den Zeugen konzentrieren. Wenn man den Zeugen in ein günstiges Licht rücken möchte, dann sage man, daß ihm ein falsches Zeugnis nichts nützen, wohl aber sehr schaden könne. Wenn man den Zeugen angreifen will, dann berufe man sich auf dunkle Punkte in seinem Vorleben, auf seinen schlechten Charakter, auf seine freundschaftlichen Beziehungen zu dem, für den er aussage, auf seine Armut, auf ein Rachemotiv usw. Bei bloß protokollierten Zeugenaussagen ist es, meint Quintilian, einfacher, gegen sie anzugehen; bei anwesenden Zeugen aber erörtere man das Problem, wie leicht falsche Zeugnisse entstehen können, oder man verdächtige ganze Gruppen, wie z. B. Cicero in seiner »Rede für Fonteius« allgemein die Gallier verdächtigt hat. Man darf annehmen, daß alle diese auch heute noch an den Gerichten gängigen Argumente lediglich als mögliche Gesichtspunkte erlernt wurden, als ein stets verfügbares Repertoire: es hing von den Besonderheiten eines jeden Falles ab, welche Gesichtspunkte sich mit einiger Aussicht auf Erfolg auf ihn anwenden ließen und welche nicht.

Die technischen, auf der Kunst des geschulten Redners beruhenden Beweise unterscheiden sich nach Aristoteles (Rhetorik 1,2; 2,20–22) von den streng wissenschaftlichen dadurch, daß sie der Präzision ermangeln, daß sie demnach nur zu mehr oder minder wahrscheinlichen, im allgemeinen nicht unbedingt zwingenden Ergebnissen führen: im politisch-gesellschaftlichen Bereich ist eben – anders als in der Wissenschaft – nur ein verhältnismäßig geringer Grad von Genauigkeit erreichbar. Es gibt nun aber sowohl in der Wissenschaft als auch in der Rhetorik zwei Grundformen des Beweises: die Ableitung des Besonderen aus dem Allgemeinen (Deduktion) und die Ableitung des Allgemeinen aus dem Besonderen (Induktion). Die wissenschaftliche Deduktion muß einen vollständigen Syllogismus vorführen, bestehend aus Obersatz, Untersatz und Konklusion, die rhetorische hingegen kann auf ein oder zwei Beweisglieder verzichten – so daß sei es ein Enthymem (von *ἐνθυμεῖσθαι* – enthymeísthai: was der Redner erdacht oder der Zuhörer hinzugedacht hat), sei es eine Gnome, eine Sentenz entsteht. Und die wissenschaftliche Induktion muß sämtliche Fälle berücksichtigen, die es gibt, die rhetorische hingegen kann sich mit einigen Fällen, ja mit einem einzigen Fall begnügen, mit dem Beispiel. Das Enthymem und die Gnome sind also rhetorische (verkürzte) Syllogismen, das Beispiel ist ein rhetorischer (verkürzter) induktiver Beweis. Vollständigkeit ist nämlich in einer Rede weder möglich noch wünschenswert; sinnvolle Verkürzungen verleihen der Argumentation mehr Glanz und Schlagkraft. Das allgemein Bekannte braucht gar nicht erst ausgesprochen zu werden; der Zuhörer fügt es selbst hinzu. Wenn man z. B. dartun will, daß jemand in einem Wettstreit einen Kranz gewonnen habe, dann genügt es zu sagen, er habe einen Sieg bei den Olympischen Spielen errungen – daß der Preis dafür in einem Kranz besteht, weiß jeder.

Die Enthymeme werden von Aristoteles in zwei Gruppen eingeteilt: in beweisende und widerlegende; die beweisenden Enthymeme deduzieren etwas aus dem Zugestandenen, die widerlegenden demonstrieren durch Schlüsse etwas Nichtzugestandenes (Rhetorik 2,22). Bei Quintilian heißen die beiden Arten *enthymema ex consequentibus* und *ex repugnantibus* (»Enthymem aus den Konsequenzen und aus einem Widerspruch«: 5,10,2; 5,14,1). Eine andere, wichtigere Zweiteilung der Enthymeme beruht auf den Quellen, aus denen sie hervorgehen: sie werden entweder aus allgemeinen Wahrscheinlichkeitserwägungen abgeleitet oder aus konkreten Anzeichen, aus Indizien. Aus Wahrscheinlichkeitserwägungen läßt sich stets nur Wahrscheinliches schließen; aus Indizien hingegen ergibt sich je nach ihrer Beschaffenheit sei es ein notwendiger (apodiktischer), sei es ein wahrscheinlicher Schluß (Aristoteles, Rhetorik 1,2). Quintilian möchte die auf Indizien beruhenden Enthymeme als Gruppe zwischen den untechnischen und den technischen Beweisen verstanden wissen: sie brauchen, da sie mit der Sache selbst gegeben sind, nicht erst gefunden zu werden, und bei unzweifelhaften Indizien gibt es kein Streiten und Argumentieren mehr. Quintilian hat daher die aristotelische Zweiteilung Enthymem – Beispiel durch eine Dreiteilung ersetzt: *signa – argumenta – exempla* (»Indizien – Beweisgründe – Beispiele«: 5,9–11).

Die auf Wahrscheinlichkeitserwägungen beruhenden Enthymeme mußte der Redner aus dem je gegebenen Stoffe durch Nachdenken ableiten; hier kam es somit darauf an, daß er argumentative Phantasie zeigte. Denn die Theorie vermochte, wie überall in der Beweislehre, so auch hier nur Bereiche, Fundörter, Topoi *(τόποι / loci)* für Beweise anzugeben, wobei Aristoteles, der Begründer der ›Topik‹, allgemeine Topoi und Topoi, die nur für einzelne Redegattungen galten, unterschied. Er bringt in seiner »Rhetorik« einen Katalog von allgemeinen, teils für beweisende, teils für widerlegende Enthymeme geeigneten Topoi, eine Ansammlung von ungeordnetem Rohmaterial (2,23). Er beginnt mit dem Topos »aus dem Gegensätzlichen«: »Sich mäßigen ist gut, zügellos leben jedoch schädlich«, oder: »Wenn der Krieg die Ursache der gegenwärtigen Übel ist, dann muß die Lage mit Hilfe des Friedens gebessert werden.« Der an vierter Stelle von ihm aufgeführte Topos heißt »aus dem Mehr und Weniger«; es handelt sich um das *argumentum a fortiori:* »Wenn nicht einmal die Götter alles wissen, um wieviel weniger die Menschen.« Ein weiterer Topos (der fünfte der aristotelischen Liste) beruht auf der »Berücksichtigung der Zeit«: »Hätte ich vor der Unternehmung eine Statue verlangt für den Fall, daß ich sie ausführe, ihr hättet sie mir bewilligt; doch jetzt, nach vollbrachter Tat, wollt ihr sie mir verweigern?« Als letztes Beispiel sei noch der siebte Topos genannt, »aus der Definition«: »Was ist das Dämonische, wenn nicht eine Gottheit oder einer Gottheit Werk? Wer indes glaubt, es sei ein Werk der Gottheit, der glaubt notwendigerweise auch, daß es Götter gibt« (nach der platonischen »Apologie des Sokrates«, 27 b–e).

Diese allgemeinen Beweistopoi wurden im Laufe der Zeit vereinfacht und systematisiert, wohl insbesondere von Hermagoras, dem Schöpfer der Statuslehre. Bei Cicero (De inventione 1,34–43) findet sich ein Schema, das die Begriffe Person und Sache an die Spitze stellt: »Alle Argumente, mit denen etwas bewiesen wird, ergeben sich entweder aus den beteiligten Personen oder aus sachlichen Gesichtspunkten.« Die Personentopoi sind der Name, das Wesen, die Lebensweise, die äußeren Gegebenheiten, das gewöhnliche Verhalten, Erregungszustände u. a. – lauter Kategorien, mit deren Hilfe sich bestimmte Handlungen bestimmten Individuen zuordnen lassen. Die Sachtopoi werden in vier Gruppen unterteilt: was mit der Sache zusammenhängt, was zu ihrer Ausführung gehört, was sich zur Sache in Beziehung setzen läßt, was sich aus ihr ergibt. Die beiden ersten Gruppen laufen im wesentlichen auf die sogenannten Peristasen (Tatumstände) hinaus: was geschah vor, während und nach der Tat, wie verhält es sich mit der Zeit, dem Ort, dem Motiv, der Gelegenheit usw. Bei den beiden übrigen Gruppen geht es vor allem um abstrakt-logische Beziehungen, um Vergleichsmaßstäbe und Beurteilungskriterien für die zur Verhandlung stehende Sache.

Die Indizien, die zweite Quelle rhetorischer Beweise, sind entweder zwingend oder nur wahrscheinlich. Mit Hilfe von zwingenden Indizien läßt sich dartun, daß etwas notwendig oder daß es unmöglich ist. Sie erstrecken sich auf alle drei Zeitrelationen, d. h. sie beweisen teils Früheres, teils Gleichzeitiges, teils Späteres: eine Frau hat ein Kind geboren, folglich hat sie Umgang mit einem Manne gehabt; ein Sturm fällt aufs Meer, folglich erheben sich Fluten; jemand ist im Herzen verwundet, folglich wird er sterben. Als Indizien für Unmögliches werden genannt: ohne Saat keine Ernte; wer in Athen ist, kann nicht zugleich in Rom sein. Schlüsse, die auf zwingenden Indizien beruhen, lassen sich teils umkehren, teils nicht: ein atmender Mensch lebt / ein lebender Mensch atmet; wer geht, bewegt sich / nicht jeder, der sich bewegt, geht. Die wahrscheinlichen Indizien fallen erst im Verein mit anderen Gegebenheiten erheblich ins Gewicht. Blut deutet auf Mord. Doch Blut kann auch von einem Opfertier verspritzt, kann auch aus der Nase geflossen sein; wer ein mit Blut besudeltes Kleid trägt, braucht nicht unbedingt einen Mord begangen zu haben. Wenn aber der Betreffende mit dem Getöteten verfeindet war, ihm gedroht hat und sich zur Zeit der Tat am selben Ort befand, dann macht das blutige Kleid den Verdacht beinahe zur Gewißheit (Quintilian 4,9).

Quintilian definiert das Beispiel als die Erwähnung eines wirklich geschehenen oder nur angenommenen Falles, der dem Überredungsziel förderlich ist (5,11,6). Schon Anaximenes unterscheidet ähnliche und entgegengesetzte Beispiele (Kap. 8), woraus sich eine Analogie zu den beweisenden und widerlegenden Enthymemen ergibt. Außerdem pflegen Beispiele – abermals nach Anaximenes – den Erwartungen der Zuhörer teils zu entsprechen, teils zuwiderzulaufen. Wenn jemand behauptet und durch Beispiele erhärtet, daß es im Kriege vor allem auf die numerische Stärke ankomme, dann argumentiert er im Sinne der landläufigen Anschauungen; mitunter hat sich jedoch das Gegenteil bewahrheitet, so daß sich auch Beispiele ins Feld führen lassen, die der gängigen Meinung widersprechen. Beispiele sollen von Personen und Geschehnissen handeln, die berühmt und den Zuhörern bekannt sind; erst dann vermögen sie die ihnen eigene Suggestivkraft zu entfalten (Minukianos 2). Nach Aristoteles (Rhetorik 2,20) soll man Beispiele nur dann als Beweise verwenden, wenn man keine Enthymeme zur Verfügung hat; hat man Enthymeme, dann bringe man die Beispiele am Schluß, gewissermaßen als beglaubigendes Siegel.

Der Schluß der Rede, *ἐπίλογος* (epílogos) / *peroratio – conclusio,* stimmt darin mit der Einleitung überein, daß er sich um das Wohlwollen der Zuhörer bemüht; für Aufmerksamkeit und Empfänglichkeit hingegen braucht nicht mehr gesorgt zu werden. Was die Theoretiker an Funktionen des Schlusses zu nennen wissen, läßt sich mit Cicero (Partitiones oratoriae 52) auf zwei reduzieren: der Schluß soll das Gesagte zusammenfassen, um die Richter, die nunmehr zu entscheiden haben, daran zu erinnern; er soll außerdem mit Hilfe der Amplifikation, der Steigerung, Affekte mobilisieren, z. B. Mitleid für die eigene Person und Entrüstung über die Person des Gegners. Die Zusammenfassung beschränkt sich auf die Beweisführung; sie gibt die Punkte an, die dort ausführlich behandelt worden sind; sie unterstützt durch Kürze und Prägnanz das Gedächtnis der Richter (Rhetorik an Herennius 2,47; Quintilian 6,1,1–8). Für die Amplifikation gilt die Faustregel: »Der Redner stelle sich alles vor Augen, was an seiner Sache Zugkraft hat, und wenn er sieht, was davon Neid, Gunst, Haß oder Mitleid hervorrufen kann, mit

Recht oder nur dem Anscheine nach, dann soll er das sagen, wodurch er selbst, wenn er Richter wäre, am heftigsten erregt würde« (Quintilian 6,1,11). Der Autor der »Herennius-Rhetorik« befaßt sich vor allem mit der Amplifikation von Verbrechen (2,47–49): man zeige, wie sehr das verletzte Rechtsgut seit jeher ein Gegenstand der Sorge gewesen ist, bei den Göttern, bei den Vorfahren, bei fremden Völkern; man führe vor, wer die Folgen der Tat zu tragen hat; man frage, was geschehen würde, wenn jeder so handelte, man beweise, daß alle zu demselben Verbrechen ermuntert würden, wenn dieser Fall straffrei bliebe usw.

Zumal der Schluß gibt dem Redner Gelegenheit, an die Gefühle der Zuhörer zu appellieren, weshalb z. B. Quintilian die einschlägigen Lehren – die im Grunde für alle Teile der Rede gelten – an dieser Stelle bringt (6,2). Die antike Theorie unterschied zwei Kategorien von Gefühlswirkungen, das Ethos und das Pathos. Unter dem Ethos, dem milderen Grade, verstand sie im wesentlichen eine bestimmte Selbststilisierung des Redners, die geeignet war, das Publikum positiv zu beeinflussen: eine gleichbleibend ruhige Haltung und das geschickte Vorzeigen von Charakterfestigkeit sollten dem Sprechenden den Anschein geben, daß er ein Ehrenmann sei, der vollauf Vertrauen verdiene. Als Pathos oder Affekt galten die heftigeren, auf kurze Dauer berechneten Seelenstimmungen, insbesondere Zorn und Entrüstung: der Redner mußte selbst von ihnen ergriffen sein, um sie bei seinen Zuhörern hervorrufen zu können.

Hermagoras aus Temnos, der Schöpfer der Statuslehre, wies der Rhetorik das *πολιτικὸν ζήτημα* (politikón zḗtēma), die *civilis quaestio* als Gegenstand zu: die öffentliche Angelegenheit, die es nach politischen, moralischen und juristischen Kriterien zu entscheiden gilt. Hierzu wollte er offensichtlich alles gerechnet wissen, was jeder Staatsbürger auf Grund seiner Einsicht und Lebenserfahrung beurteilen kann, wozu es keiner speziellen Kenntnisse bedarf: »alles, was von der Art ist, daß man sich schämt, nichts davon zu wissen, daß man, auch wenn man nichts davon versteht, gleichwohl so tut, als ob man etwas davon verstünde« (Ps.-Augustinus, Rhetorik 3 = Hermagoras, Frg. 3 Matthes). Die Lehre des Hermagoras hat freilich den hiermit gegebenen Rahmen nicht wirklich zu füllen vermocht: sie taugte nur für die Gerichtsrede; erst Spätere haben versucht (und zwar mit wenig Glück), die Volks- und die Festrede einzubeziehen.

Hermagoras unterschied bei den öffentlichen Angelegenheiten Thesen und Hypothesen, *quaestiones infinitae* und *finitae*, d. h. Fragen von allgemeiner Art und Fragen, die sich auf einen Einzelfall beziehen. Jede Hypothese, jeder Einzelfall, lehrte er, gründe sich auf sieben Peristasen oder Umstände: auf Personen, Handlungen, die Zeit, den Ort, das Motiv, die Art und Weise, die Hilfsmittel – *quis*, *quid*, *ubi*, *quibus auxiliis*, *cur*, *quomodo*, *quando*, wie ein bekannter Merkvers lautete. Wenn man von den Peristasen absehe, d. h. die konkreten Umstände durch die entsprechenden abstrakten Kategorien ersetze, dann transformiere man die Hypothese in eine These, in ein allgemeines Problem. So läßt sich aus der Hypothese, ob es sich für die Athener empfiehlt, ein Heer nach Sizilien zu senden, obwohl sie von den Spartanern belagert werden, die These ableiten, ob jemand ein Heer ins überseeische Ausland senden darf, der auf seinem eigenen Territorium von Feinden bedrängt wird. In dem Einzelfall, ob Orest eine Strafe verdient, ist das allgemeine Problem enthalten, unter welchen Voraussetzungen ein Muttermörder als gerechtfertigt gelten kann (Hermagoras, Frg. 3–8 Matthes, besonders Quintilian 3,5). Das Verhältnis von These und Hypothese erinnert an die Unterscheidung, wie sie Aristoteles im 9. Kapitel der »Poetik« getroffen hat, um die Dichtung von der Geschichtsschreibung abzugrenzen: in der Dichtung komme es auf das Allgemeine an; die Geschichtsschreibung hingegen schildere das je Einzelne und Besondere. Cicero kritisiert die schulmäßige Gegenüberstellung von Thesen und Hypothesen (De oratore 2, 133–134): es gehe stets um Grundsätzliches und jeder Einzelfall enthalte ein allgemeines Problem. In dem Verfahren z. B., das Decius gegen Opimius anstrengte, gegen den Mann, der Gaius Gracchus töten ließ, stünden nicht die Personen der Beteiligten zur Diskussion, sondern die Frage, ob jemand Strafe verdiene, der zum Schutze des Staates auf Grund eines Senatsbeschlusses einen Bürger getötet habe. Die Reduktion von Hypothesen auf die ihnen zugrunde liegenden Thesen mag eine förderliche Übung für den angehenden Redner gewesen sein; ein erhebliches praktisches Gewicht hatte die Unterscheidung schwerlich. Hermagoras selbst scheint für die Behandlung von Thesen keine näheren Anweisungen erteilt zu haben.

Der Ausdruck ›These‹ diente freilich auch als Bezeichnung für die allgemeinen Sätze, über die in den Philosophenschulen debattiert wurde – eine Gleichnamigkeit, die zu Vermischungen und Verwirrungen führte. So polemisiert Cicero in seiner Schrift »De oratore« gegen eine Auffassung der *quaestio infinita,* die nicht von Hermagoras stammen kann (2,65–66): wenn der Redner sich auf diesem Felde überall auskennen müsse, dann gehöre auch die Frage nach der Größe der Sonne und der Gestalt der Erde zu seinem Repertoire und ihm obliege sogar die Erörterung von mathematischen und musikalischen Problemen. Auch die Unterscheidung von theoretischen und praktischen Thesen (Cicero spielt »De oratore«, 3,111–118, auf sie an) geht nicht auf Hermagoras, sondern auf die Philosophie zurück.

Der Einzelfall, die Hypothese mußte zunächst aus der konkreten Ereignisfülle herausgeholt und scharf strukturiert und sodann in das Fächerwerk der Status, der ›Streitstände‹, eingeordnet werden. Wie die erste Maßnahme, die Strukturierung, vonstatten ging, zeigt ein von Cicero vorgeführtes Beispiel (De inventione 2,52). C. Flaminius – derselbe, der später am Trasimenischen See Hannibal unterlag – suchte als Volkstribun gegen den Willen des Senats ein Gesetz einzubringen, das die Aufteilung von Ackerland an römische Bürger vorsah (232 v. Chr.). Damals nötigte ihn der eigene Vater auf Grund seiner väterlichen Gewalt, eine von ihm geleitete Volksversammlung zu verlassen. Der Vater wurde daraufhin wegen *laesa maiestas,* wegen eines Verbrechens gegen die Hoheit des Staates, angeklagt. Hieraus ergibt sich sofort die *intentio,* die Beschuldigung des Anklägers: »Du hast die Hoheit des Staates verletzt«, und die *depulsio,* der Einwand des Angeklagten: »Ich habe die Hoheit des Staates nicht verletzt«, sowie die *quaestio,* die Rechtsfrage: »Hat der Angeklagte die Hoheit des Staates verletzt?« Der Angeklagte beruft sich nunmehr auf die *ratio,* den Rechtfertigungsgrund: »Ich habe meinem Sohne gegenüber von der mir zustehenden väterlichen Gewalt Gebrauch gemacht«, doch der Ankläger bringt daraufhin eine *infirmatio rationis,* eine Entkräftung des Rechtfertigungsgrundes vor: »Die väterliche Gewalt ist eine private Befugnis, die nicht gegen die öffentliche Gewalt des Tribunen ausgeübt werden darf.« Aus alledem resultiert endlich das Thema der *iudicatio,* der richterlichen Untersuchung: »Liegt eine Verletzung der Staatshoheit vor, wenn die väterliche Gewalt gegen einen Volkstribunen ausgeübt wird?« Dieses Frageschema umfaßt den Vorwurf, die Bestreitung des Vorwurfs sowie die beiderseitigen Gründe; es handelt sich offensichtlich um eine zu didaktischen

Zwecken ersonnene Methode, um eine Eselsbrücke für Anfänger.

Jedenfalls aber zeigt das Schema, daß die Parteien entgegengesetzte Standpunkte haben und diese Standpunkte begründen können müssen, und überhaupt ist Voraussetzung, daß die Peristasen, die je vorliegenden Umstände, einen in sich schlüssigen Streitfall ergeben. Wenn sich jedoch dem Für und Wider kein Rechtsproblem, kein Thema für eine richterliche Untersuchung abgewinnen läßt, dann liegt ein *ἀσύστατον* (asýstaton) vor, etwas Unzusammenhängendes, ein Sachverhalt, der entweder gar kein Problem aufwirft, oder ein völlig unlösbares. Hermagoras unterschied vier Kategorien von Asystata:

1. Hypothesen, denen es an einem notwendigen Element fehlte, z. B. an einem Grund für einen Vorwurf: ein Vater verfügt aus reiner Willkür die Enterbung seines Sohnes.
2. Hypothesen, bei denen die Rechtslage für beide Parteien gleich ist – was der einen Partei vorgeworfen wird, läßt sich stets auch der anderen vorwerfen. Die Theoretiker pflegen hierzu das folgende recht ausgetüftelte Beispiel anzuführen: zwei junge Männer, Nachbarn, die hübsche Frauen haben, begegnen sich nachts zwischen ihren Häusern; einer klagt den anderen wegen versuchten Ehebruchs an.
3. Hypothesen, die nur eine Perspektive zulassen, bei denen entweder eine Anklage oder eine Verteidigung unmöglich ist. Ein Kuppler hat eine Grube ausgehoben, in der mehrere junge Männer, von denen er wußte, daß sie ihn aufsuchen würden, umgekommen sind; er kann nicht das Geringste zu seiner Rechtfertigung vorbringen.
4. Hypothesen, die an einem unauflöslichen Widerspruch kranken. Ein Rhetorikschüler braucht die eine Hälfte seines Lehrgeldes erst zu bezahlen, wenn er seinen ersten Prozeß gewinnt; der Lehrer klagt nach einiger

Zeit auf Zahlung (Hermagoras, Frg. 19 Matthes; für das letzte Beispiel Gellius 5,10).

Der Begriff *στάσις* (stásis) / *status (*Plural *státūs)* oder *constitutio,* der Streitstand, d. h. der Punkt, um den gestritten wird und auf den es auch für die Entscheidung ankommt, steht im Mittelpunkt der Theorie des Hermagoras; er hat dem Ganzen den Namen gegeben. Das System der Status diente als eine Art Schablone, die über den je gegebenen Stoff gelegt wurde und so das Problem hervortreten ließ, um das es in dem betreffenden Falle ging. Mit derartigen Schemata kommt auch der heutige Rechtsstudent noch in Berührung. Ihm wird z. B. zur Lösung schuldrechtlicher Fälle folgender aus dem »Corpus Iuris« abgeleiteter Raster empfohlen: er solle den gegebenen Fall daraufhin prüfen, ob zwischen den Beteiligten Ansprüche entstanden seien aus einem Vertrag, aus quasi-vertraglichen Beziehungen (wie Geschäftsführung ohne Auftrag), aus einer unerlaubten Handlung, aus quasi-deliktischen Tatbeständen (wie Tierhalterhaftung). Einem derartigen Zweck hat also auch das Status-System des Hermagoras genügen sollen; die Tendenz ist offensichtlich, so wenig die Abgrenzungen innerhalb des Systems mitunter einleuchten mögen.

Die Haupteinteilung bestand darin, daß zwei Gattungen unterschieden wurden: ein jeder Fall gehörte entweder ins *genus rationale* (etwa: »Bereich der Argumentation«) oder ins *genus legale* (»Bereich der Gesetzes- und Vertragsauslegung«), je nachdem ob seine Lösung von irgendwelchen aus dem Sachverhalt selbst resultierenden Argumenten oder von der Interpretation eines maßgeblichen Normtextes abhing. Beide Bereiche gliederten sich weiterhin in je vier Arten: das *genus rationale* in die eigentlichen Status, das *genus legale* in vier *quaestiones* oder Grundprobleme (Hermagoras, Frg. 12–13; 20 Matthes).

Der erste Status des *genus rationale* heißt *στοχασμός* (stochasmós) / *status coniecturalis,* »Mutmaßung, Frage nach dem Täter«. Er liegt stets dann vor, wenn der

Angeklagte die Tat leugnet, die ihm vorgeworfen wird; die Untersuchung richtet sich somit darauf, *an sit,* ob der angebliche Täter die Tat begangen hat oder nicht; es findet eine *controversia de facto* statt. Hierfür bringt Cicero als Beispiel den folgenden Fall (De inventione 2,14): Zwei Reisende haben sich unterwegs kennengelernt und übernachten gemeinsam in einer Herberge. Der eine führt viel Geld mit sich; der Wirt ermordet ihn des nachts mit dem Schwerte des anderen und beraubt ihn. Der Überlebende, arglos allein mit dem blutigen Schwerte weiterziehend (er hatte den Gefährten für schlafend gehalten), wird verfolgt, festgenommen und des Mordes bezichtigt. Aus diesem Sachverhalt ergeben sich die *intentio* »Du hast einen Mord begangen« sowie die *depulsio* »Nein«; die Frage, die durch Mutmaßungen – durch Schlüsse aus Indizien, da ein Geständnis nicht vorliegt – beantwortet werden muß, lautet somit: »Hat der Beschuldigte den Mord begangen?« In der strafrechtlichen Praxis war dieser Status gewiß der häufigste; bei Cicero geht es z. B. in den Reden »Für Sextus Roscius«, »Für Cluentius Habitus«, »Für Sulla« und »Für Plancius« um die Frage nach dem Täter.

Der zweite Status, *ὅρος* (hóros) / *status definitivus,* d. h. Definition, Frage nach dem einschlägigen gesetzlichen Tatbestand, setzt die Situation voraus, daß der Angeklagte die ihm zur Last gelegte Tat im wesentlichen zugibt, daß er jedoch hierauf nicht die vom Ankläger gewählte Deliktskategorie, sondern eine andere, mildere angewandt wissen will. Hier fragt sich also nicht *an sit,* sondern *quid sit,* wie die Tat des Angeklagten strafrechtlich definiert werden müsse. Gleichwohl liegt keine reine *controversia nominis,* kein reiner Streit um Begriffe vor; der Angeklagte behauptet nämlich, daß die von ihm begangene Tat den gesetzlichen Tatbestand – das Bündel von Merkmalen, das der Wortlaut und Sinn des Gesetzes für ein bestimmtes Delikt voraussetzen – nicht ganz erfüllt habe, daß eines der erforderlichen Merkmale fehle. Jemand hat z. B. aus einem Tempel Geld gestohlen, das einer Privatperson gehört. Er wird als Tempelräuber angeklagt; er hat somit die Todesstrafe zu gewärtigen. Er seinerseits sucht darzutun, daß er ein gewöhnlicher Dieb sei (so daß er nur eine Buße in Höhe vom Doppelten der gestohlenen Summe zahlen muß): ein Tempelraub liege nicht schon dann vor, wenn jemand etwas aus einem Tempel genommen habe; es müsse sich hierbei um heiliges Gut, um Tempelgut handeln (Quintilian 3,6,41). Während der Beschuldigte beim *status coniecturalis* die ganze Tat leugnet, bestreitet er hier lediglich ein Detail, dessen Vorhanden- oder Nichtvorhandensein zu einer unterschiedlichen strafrechtlichen Bewertung führt.

Als Beispiel für den *status definitivus* kann die Demosthenes-Rede »Gegen Meidias« gelten. Meidias, ein reicher Athener, hatte Demosthenes bei einem Dionysos-Fest offen attackiert; er konnte die Tat nicht leugnen, wollte sie aber als private Injurie aufgefaßt wissen, während Demosthenes sie als ein Vergehen gegen den Staat und die Götter hinzustellen suchte. Nicht unter den *status definitivus* sollte hingegen die Bewertung der Tat fallen, die der Vater des C. Flaminius beging, obwohl sie von Cicero so eingeordnet wird. Der Vater führt nämlich alles aus, was zum Tatbestand der *laesa maiestas* gehört; er rechtfertigt sich jedoch mit seiner väterlichen Gewalt – derlei Rechtfertigungsgründe, die, wenn sie anerkannt werden, trotz der Tatbestandsmäßigkeit der inkriminierten Handlung zu Straffreiheit oder Strafmilderung führen, gehören unter den dritten Status, den *status qualitatis*. Nach einem heute gängigen Schema geht es bei der Beurteilung strafrechtlicher Fälle einmal um die Tatbestandsmäßigkeit der dem Beschuldigten zur Last gelegten Handlung und zum anderen um die Frage, ob die Handlung nicht trotz äußerer Tatbestandsmäßigkeit durch besondere Gründe gerechtfertigt oder entschuldigt werden kann – diese moderne Unterscheidung ist ein Analogon zum zweiten und dritten Status des hermagoreischen Systems.

Denn ein Fall der ποιότης (poiótēs), des *status qualitatis* (auch *constitutio generalis* oder *iuridicialis*), des Status, der nach der »Beschaffenheit« einer Handlung fragt, liegt dann vor, wenn der Beschuldigte ohne Einschränkung zugibt, daß er die ihm vorgeworfene Tat begangen habe, zugleich aber Umstände geltend macht, die diese Tat rechtfertigen oder entschuldigen. Die Untersuchung zielt auf das *quale sit,* von welcher juristischen Beschaffenheit die Tat unter Berücksichtigung aller ihrer Modalitäten sei: hat sie als gesetzmäßig oder ungesetzlich, als gerecht oder ungerecht zu gelten? Da sich unter diesem Gesichtspunkt eine stattliche Reihe von Falltypen würdigen läßt, hat schon Hermagoras für den *status qualitatis* ein regelrechtes Subsystem geschaffen, das hier in der Fassung wiedergegeben wird, in der es beim Anonymus an Herennius überliefert ist (1,24–25, unter der Rubrik *iuridicialis constitutio*).

Der Qualitätsstatus besteht dort aus zwei Haupttypen, der *constitutio iuridicialis absoluta* und der *constitutio iuridicialis assumptiva* (dem »absoluten« und »relativen Rechtfertigungsstatus«). Im ersten Fall behauptet der Angeklagte, die Handlung, die man ihm vorwirft und die von ihm nicht bestritten wird, sei als solche gerecht und ehrenwert. Die Kategorie ist, wie die hierzu von den Theoretikern angeführten Fälle zeigen, schwerlich von erheblicher praktischer Bedeutung gewesen: ein Bauer enterbt seinen Sohn, weil er sich mit Philosophie befasse, statt mit Landwirtschaft; der Sohn möchte gerade diese Beschäftigung als in sittlicher Hinsicht hochstehend betrachtet wissen (Hermogenes, De statibus 12,9 Kowalski).

Die *constitutio iuridicialis assumptiva* ist, wie der Terminus besagt, dann gegeben, wenn der Beschuldigte Nebenumstände heranzieht, die eine an sich verwerfliche Handlung ausnahmsweise als nicht verwerflich, als gerechtfertigt erscheinen lassen. Hermagoras gliederte diese Materie in vier Falltypen, die beim Anonymus *concessio, translatio criminis, remotio criminis* und *comparatio* heißen

(»Zugeständnis, Übertragung des Vorwurfs, Zurückweisung des Vorwurfs, Vergleich«).

Eine *concessio* liegt vor, wenn der Angeklagte die Absichtlichkeit seines Tuns bestreitet und äußeren Zwang, allenfalls Fahrlässigkeit für sich geltend macht. Die Theoretiker weisen dieser Kategorie Fälle sowohl von Sach- oder Rechtsunkenntnis als auch von höherer Gewalt zu. Als Beispiel für Unkenntnis eines erheblichen Umstandes bringt der Anonymus folgenden Fall. Ein Sklave, der seinen Herrn ermordet hat, wird von dessen Bruder mit dem Tode bestraft; dann zeigt sich, daß im Testament des Ermordeten die Freilassung des Mörders vorgesehen war – es hätte also eines ordentlichen Prozesses gegen den Mörder bedurft. Und als Beispiel für höhere Gewalt führt der Anonymus den Fall an, daß jemand nicht fristgerecht Waren transportiert, weil Hochwasser den Zufahrtsweg unterbrochen hat.

Die *translatio criminis* ist die wirksamste Waffe unter den Rechtfertigungsgründen der *constitutio iuridicialis assumptiva:* der Beeinträchtigte, das Opfer selbst wird vom Beschuldigten für die Tat verantwortlich gemacht. Der Anonymus und andere Theoretiker berufen sich, um diese Kategorie zu erläutern, auf den Mythos von Orest: die Mutter selbst habe durch die Ermordung Agamemnons die Mordtat des Sohnes verursacht. Realistischer sind Notwehrsituationen, wie sie z. B. Cicero in den Reden »Für Sestius« und zumal »Für Milo« geltend macht: der angebliche Gewalttäter war seinerseits angegriffen worden und konnte gar nicht umhin, zu Verteidigungszwecken zurückzuschlagen.

Die *remotio criminis* besteht darin, daß der Beschuldigte die Tat nicht auf das Opfer, sondern auf einen Dritten oder einen äußeren Umstand abwälzt; sie dient der Rechtfertigung durch Notstandssituationen, insbesondere durch Befehlsnotstand. Der Anonymus führt den Mörder des Volkstribunen Publius Sulpicius an, der sich zu seiner Verteidigung auf einen Befehl der Konsuln berufen habe.

Schließlich die *comparatio* oder *compensatio*, die an die moderne Kategorie der Pflichtenkollision erinnert: eine von zwei Handlungen mußte man vollbringen, und man hat das geringere Übel gewählt, oder: das Gesetzwidrige der inkriminierten Handlung wird durch den Nutzen, den sie bewirkt hat, kompensiert. Eine raffinierte Verwendung der *comparatio* findet sich in Ciceros »Rede für Milo«; sie erscheint dort in Verbindung mit einer *translatio criminis*. Milo stand wegen der Ermordung seines Feindes Clodius vor Gericht. Cicero erklärt sofort zu Beginn seines Plädoyers (§ 6), er werde nicht darzutun versuchen, wie verdienstlich im Hinblick auf das Wohl des Staates die Tat wäre, wenn Milo sie aus freien Stücken begangen hätte; er werde vielmehr zeigen, daß Milo in Notwehr gehandelt habe. Der Redner lehnt also die *comparatio* ab und bedient sich statt dessen der *translatio criminis*. Er bringt dann aber am Schluß seines Plädoyers (*extra causam*, »außerhalb der eigentlichen Argumentation«, wie er vorgibt) den kompensatorischen Gesichtspunkt, den Vorteil, der dem Staat aus dem Tode des Clodius erwachsen sei, durchaus zur Geltung.

Der vierte und letzte Status des *genus rationale*, die *μετάληψις* (metálēpsis) / *translatio* (schlechthin, ohne den Zusatz *criminis*), die »Übertragung (Ablehnung) des Verfahrens« ist von formaler, prozessualer Art: mit ihm sucht der Beschuldigte zu erreichen, daß die Sache gar nicht verhandelt, daß ihre Verhandlung abgeschnitten wird. Man tritt z. B. der Behauptung des Anklägers «Du hast einen Menschen getötet« mit dem Einwand entgegen »Du hast kein Klagerecht, du darfst nicht gegen mich prozessieren.« Es wird also wider die Aufnahme des Verfahrens gestritten: der angerufene Gerichtshof sei für den gegebenen Fall nicht zuständig, der Gegner nicht zur Klageerhebung legitimiert usw. In Athen gab es eine bunte Vielfalt von Gerichtsbehörden und Prozeßformen; dort mag daher ein ernstliches Bedürfnis bestanden haben, die prozessuale *translatio* zu praktizieren. In Rom hingegen war sie ziemlich überflüssig; im römischen Privatprozeß zumal fanden Einwendungen, die man als *translatio* klassifizieren könnte, schon vor Eintritt in das eigentliche Verfahren von Amts wegen Beachtung (Cicero, De inventione 2,57). Der vom Anonymus an Herennius angeführte Fall hat zunächst das Aussehen, als müsse er dem *status definitivus* zugewiesen werden (1,22): Jemand ist wegen *peculatus,* d. h. wegen Entwendung von Staatsgut, angeklagt; er wendet ein, er habe lediglich einen gewöhnlichen Diebstahl begangen. Dieser Einwand zielte indes nicht nur auf eine mildere Bewertung der Tat, sondern auch auf ein anderes Verfahren: der *peculatus* galt als Staatsverbrechen, das in einem öffentlichen Strafprozeß geahndet wurde; beim gewöhnlichen Diebstahl stand dem Geschädigten eine privatdeliktische Klage vor einem Einzelrichter zu. Der Anonymus hat somit das Beispiel zu Recht bei der *translatio* untergebracht. Auch Ciceros Verfahren gegen Caecilius läßt sich vielleicht als ein *translatio*-Fall besonderer Art auffassen: sowohl Cicero als auch Caecilius beanspruchten im bevorstehenden Verres-Prozeß die Anklägerrolle; es galt, unter den beiden Konkurrenten den richtigen Ankläger zu ermitteln.

Das *genus legale,* der zweite Hauptkomplex der Statuslehre des Hermagoras, hat Maximen zum Gegenstand, die die Auslegung von juristischen Texten, von Gesetzen und Verträgen, steuern sollen. Bei der Applikation von Normen auf konkrete Sachverhalte können sich Schwierigkeiten hervortun, die durch irgendeine scheinbare oder wirkliche Unzulänglichkeit der betreffenden Normen bedingt sind: die Kategorien des *genus legale* suchen diese Unzulänglichkeiten nach Fallgruppen zu ordnen und dem Redner Argumente an die Hand zu geben, die es ihm gestatten, die je gegebene Situation in diesem oder jenem Sinne für sich nutzbar zu machen. Es gibt vier dieser Kategorien (Hermagoras, Frg. 20 Matthes):

1. *ῥητὸν καὶ διάνοια* (rhētón kai diánoia) / *scriptum – sententia* (»Wortlaut und Sinn«): die eine Partei stützt

sich auf den Wortlaut, die buchstäbliche Bedeutung des Gesetzes oder Vertrages; die andere beruft sich auf die eigentliche Absicht, die im Wortlaut nur unzulänglich ausgedrückt sei;

2. ἀντινομία (antinomía) / *leges contrariae* (»widersprüchliche Gesetze«); die Parteien wollen einander widersprechende Gesetze auf den Fall angewandt wissen, die eine das eine Gesetz, die andere das andere;
3. ἀμφιβολία (amphibolía) / *ambiguitas* (»Doppeldeutigkeit«): die Parteien warten mit je verschiedenen Interpretationen einer nicht eindeutigen Norm auf;
4. συλλογισμός (syllogismós) / *ratiocinatio* (»Folgerung, Analogieschluß«): die eine Partei behauptet, der Fall sei vom Gesetz nicht geregelt; sie verlangt, daß die Lücke durch die analoge Anwendung einer verwandten Norm geschlossen werde.

Die Kategorie *scriptum – sententia* wird von Cicero wiederholt durch einen berühmten Fall der römischen Gerichtspraxis erläutert, durch die *causa Curiana,* den »Curius-Prozeß« (De inventione 2,121–143; De oratore 1,180; 2,140–141; Brutus 194–198). Es ging in diesem Rechtsstreit um die Auslegung einer Testamentsklausel. Ein Verwandter eines gewissen Coponius starb kinderlos; er hatte jedoch sein Testament in der Annahme errichtet, daß seine Frau schwanger sei. Er setzte dort das Kind, das, wie er glaubte, seine Frau erwartete, zum Erben ein; für den Fall aber, daß dieses Kind sterben würde, ehe es mündig geworden sei und selbst ein Testament errichten könne, bestimmte er einen gewissen Curius zum Nacherben. Die Voraussetzung, auf der das Testament beruhte, erwies sich jedoch als falsch; die Frau war nicht schwanger, und es wurde kein Kind geboren. Nunmehr beanspruchte Curius die Erbschaft auf Grund des Testaments. Coponius hingegen, der Verwandte, behauptete, die Bedingung, auf der die Erbeinsetzung des Curius beruhe, sei gar nicht eingetreten; folglich stehe ihm, dem nächsten Verwandten, die Erbschaft zu: auf Grund des gesetzlichen Erbrechts.

Den Standpunkt des Coponius verfocht der berühmte Jurist Mucius Scaevola; für die Sache des Curius trat der Staranwalt Crassus ein. Scaevola verlangte die strikte Befolgung des Wortlauts: das Erbrecht des Curius sei an die Voraussetzung geknüpft, daß zuvor ein unmündiges Kind des Erblassers Erbe gewesen sei. Crassus hingegen verfocht die Position der *sententia*: die Klausel lasse erkennen, daß der Erblasser den Curius zum Nacherben habe einsetzen wollen, und zwar für den Fall, daß sein Sohn die Grenze der Mündigkeit nicht erreiche, sei es daß er vorher sterbe, sei es daß er gar nicht geboren werde. Das Gericht entschied im Sinne des Crassus.

In der ausführlichen Erörterung, die Cicero in seiner Schrift »De inventione« der *scriptum-sententia*-Problematik widmet, wird dargetan, daß demjenigen, der sich auf den Sinn, auf die Absicht des Erklärenden und den mit der Erklärung angestrebten Zweck beruft, je nach Lage der Sache eine von zwei Möglichkeiten des Vorgehens zu Gebote stehe. Er könne – wie Crassus in der *causa Curiana* – extensive (erstreckende) Auslegung betreiben: es wird ein bestimmter Zweck unterstellt, den der Erklärende verfolgt habe, und von diesem Zweck her (Curius solle Erbe sein, es sei denn, ein Leibeserbe erreiche die Volljährigkeit) wird der fragliche Text über seinen Wortlaut hinaus auf den gegebenen Fall bezogen. Mitunter sei indes eine andere, eine restriktive (einschränkende) Art der Auslegung angebracht: es gelte darzutun, daß die Absicht des Erklärenden (des Vertragspartners, des Gesetzgebers) gewissen Umständen angepaßt werden müsse, die sich unvorhergesehenermaßen geändert hätten; man solle den zu weit gefaßten Wortlaut durch den Rekurs auf diese Umstände so eingrenzen, daß annehmbare Konsequenzen zustande kämen. Die Bestimmung z. B., die ohne Einschränkung verbietet, des nachts die Stadttore zu öffnen, könne vernünftigerweise nicht auch gegen jemanden geltend gemacht werden, der ihr zuwidergehandelt hat, um – während eines Krieges – Vaterlandsverteidiger einzulassen, die sonst vom Feinde aufgerieben worden wären.

Unter einer Antinomie versteht die Theorie des Hermagoras einerseits Widersprüche – wirkliche oder scheinbare – zwischen mehreren gesetzlichen Bestimmungen und andererseits die Erscheinung, die das heutige Strafrecht als Gesetzeskonkurrenz bezeichnet (Cicero, De inventione 2,144–147). Für den Fall eines Widerspruchs hält die einschlägige Topik Argumente bereit, die geeignet sind, einer der beiden Normen den Vorrang zu verschaffen; sie kennt z. B. bereits den heute noch gültigen Grundsatz, daß die spezielle Bestimmung in ihrem engeren Geltungsbereich Priorität vor der generellen Bestimmung genieße. Für die Konkurrenz zweier Gesetze bringt Cicero folgendes – wie oft reichlich konstruiertes – Beispiel: Wer einen Tyrannen tötet, darf der Behörde gegenüber einen beliebigen Wunsch äußern; die Behörde ist andererseits verpflichtet, nach dem gewaltsamen Ende eines Tyrannen auch dessen fünf nächste Verwandte zu beseitigen. Diese beiden Vorschriften, die einander ihrem Wesen nach nicht widersprechen, treten zueinander in Konkurrenz, wenn es die Frau des Tyrannen ist, die die Tat ausführt, und wenn sie daraufhin von der Behörde verlangt, daß ihr Sohn am Leben bleibt. Das moderne Recht muß sich mit diesem Problem befassen, wenn eine und dieselbe Handlung gegen mehrere Strafgesetze verstößt: jemand begeht mit einem Raub zugleich auch Diebstahl; dann wird die Norm eliminiert, die sich als die allgemeinere oder als nur subsidiär erweist usw.

Als Ambiguität gilt in der hermagoreischen Doktrin die wirkliche oder scheinbare, sei es semantisch, sei es syntaktisch bedingte Mehrdeutigkeit eines Vertrags- oder Gesetzestextes (Cicero, De inventione 2,116–121). Jemand setzt seinen Sohn zum Erben ein und verfügt, daß seine Frau »nach Wahl« Silbergeschirr im Gewicht von hundert Pfund erhalten solle (als Legat): wer darf hiernach wählen, der Sohn oder die Frau? Eine vernünftige Überlegung führt zu dem Ergebnis, daß der Sohn das Wahlrecht hätte, wenn der Zusatz »nach Wahl« fehlte; folglich hat die Frau das Recht zu wählen. Oft lassen sich Mehrdeutigkeiten dadurch beseitigen, heißt es in den einschlägigen Empfehlungen, daß man den Zusammenhang, den Kontext in Betracht zieht. Oder man rekonstruiere (aus der Entstehungszeit, aus sonstigen Verlautbarungen) die Absicht des Verfassers, oder man prüfe, ob eine bestimmte Deutung dazu führt, daß die Norm lückenhaft wird, daß dort Wichtiges fehlt - dann ist die betreffende Deutung wahrscheinlich unrichtig.

Unter dem Stichwort *ratiocinatio*, Analogieschluß, gibt die Lehre des Hermagoras Anweisungen, die geeignet sind, den Streit um eine wirkliche oder vermeintliche Gesetzeslücke zu schlichten (Cicero, De inventione 2, 148–153). Wenn sich für einen Fall keine einschlägige Norm ausfindig machen läßt, dann muß eine Norm, die ähnliche Fälle regelt, analog angewandt werden. Dieser Grundsatz war zumal in Rom ein wichtiges Vehikel der Rechtsfortbildung. Das römische Gesetz z. B., das die Sachbeschädigung regelte, die *lex Aquilia*, schrieb vor, daß die Beschädigung durch »Brennen, Reißen oder Brechen« erfolgt sein müsse. Diese engen Voraussetzungen wurden von der Praxis auf jede Art von unmittelbarer oder mittelbarer Schadensverursachung erstreckt; so trat die Haftung wegen Sachbeschädigung schließlich auch dann ein, wenn jemand einem anderen in der Weise Geld aus der Hand geschlagen hatte, daß es ins Meer oder in einen Fluß gefallen war (Digesten 9,2,27,21). Angesichts der praktischen Bedeutsamkeit des Analogieschlusses ist es ein wenig verwunderlich, daß sowohl der Anonymus an Herennius (1,23) als auch Cicero mit dem reichlich extremen Fall des Muttermörders aufwarten, der zwischen Verurteilung und Exekution ein Testament errichtet hat: der Mann, für den es an einer speziellen Regelung fehle, müsse nach Analogie eines Geisteskranken behandelt werden, d. h. für testierunfähig gelten.

4. Die Stilqualitäten und die Stilarten

Die Lehre von der λέξις (léxis) / *elocutio*, vom Stil, vom rednerischen Ausdruck – als von einer allgemeinverbindlichen Norm, nicht als von einem Kennzeichen des Individuums – war ebenso umfassend und wichtig wie die von der Stoffauffindung; Quintilian hält sie für die schwierigste Materie der gesamten rhetorischen Theorie (8, Prooemium 13). Und jedenfalls hat sie mehr Allgemeingültigkeit als alle anderen Gebiete der Rhetorik: die dort kodifizierten Vorschriften sind großenteils für jegliche Art literarischer Prosa, z. T. sogar für die Poesie von Bedeutung. Die *elocutio*, das Stilisieren formt die Oberfläche des Textes: der Redner verleiht den Gedanken, die er gefunden und in die gehörige Ordnung gebracht hat, mit Hilfe der Stilvorschriften ein passendes Kleid (Cicero, De oratore 1,142); ohne diese Einkleidung wäre das Gefundene und Geordnete soviel wert wie ein Schwert in der Scheide (Quintilian 8, Prooemium 15).

Die antiken Theoretiker bedienen sich vor allem zweier Schemata, um den einschlägigen Stoff abzuhandeln: des Schemas von den vier Stilqualitäten und des Schemas von den drei Stilarten. Zwar hat die Stilistik von Anfang an das Hauptaugenmerk der Redelehrer auf sich gezogen; Gorgias und sein Schüler Isokrates legten die Fundamente. Fürs System jedoch, für eine klare, überschaubare Ordnung der verzweigten Materie hat offenbar erst der Aristoteles-Schüler Theophrast Entscheidendes getan. Seine Schrift »Vom Stil« ist nicht erhalten; immerhin lassen die Hinweise Späterer mit hinlänglicher Deutlichkeit erkennen, daß sowohl das Stilqualitäten- als auch das Stilarten-Schema auf ihn zurückgehen.

Die erste Stilqualität, die erste Kategorie für die wesentlichen Merkmale einer guten Darstellung, von den Theoretikern Ἑλληνισμός (Hellēnismós, »Hellenität«) oder – in Rom – *Latinitas* (»Latinität«) genannt, umfaßt alles, was zur korrekten Verwendung der Sprache gehört. Dieses

Gebiet galt als Domäne des Grammatikers, des Mannes also, der die jungen Leute in die Zucht nahm, bevor sie Rhetorik studierten; die Redelehrer setzten bei ihren Schülern die Beherrschung der Unterrichtssprache voraus. Die Kriterien für die Richtigkeit in Wortwahl und Syntax waren nach Quintilian (1,6): *ratio, vetustas, auctoritas, consuetudo* – »Vernunftgründe, Alter, Autoritäten, Üblichkeit des Sprachgebrauchs«. Mit dem Begriff *ratio* ist die Analogie gemeint, welche im Zweifelsfalle aus Ähnlichem, bei dem kein Zweifel besteht, Schlüsse zieht. Wer z. B. nicht wisse, ob das Genus von *funis* (»Seil«) maskulin oder feminin sei, der könne das Substantiv *panis* (»Brot«) zum Vergleich heranziehen. Quintilian wirft selber ein, daß diese Methode leicht in die Irre führt: *lepus* (»Hase«) und *lupus* (»Wolf«) sind einander in ihrer Lautgestalt sehr ähnlich und unterscheiden sich gleichwohl hinsichtlich des Genus und der Deklination. Die Kategorie *vetustas* soll zum Ausdruck bringen, daß Archaismen gestattet seien: sie verleihen der Rede eine gewisse Würde. Man muß allerdings maßhalten und darf nur Wörter verwenden, die noch verständlich sind. Die *auctoritas* bedeutender Redner und Historiker vermag mitunter selbst Fehler zu rechtfertigen; man darf jedoch nicht jede Sonderbarkeit unbesehen übernehmen. Bleibt als wichtigste Instanz die *consuetudo*: die wirklich gesprochene Sprache der Gegenwart, genauer die Sprache, die auf dem *consensus eruditorum*, der übereinstimmenden Meinung der Gebildeten, beruht.

Verstöße gegen die Sprachrichtigkeit bekunden sich bald bei einzelnen Wörtern, bald in Wortgruppen: die erstgenannte Kategorie von Fehlern heißt Barbarismus; bei der zweiten spricht man von einem Solözismus (nach Soloi, einer Stadt in Kleinasien, deren Bewohner ein aus griechischen und nichtgriechischen Elementen zusammengesetztes Gemisch gesprochen haben sollen). Die Fehler lassen sich freilich nicht immer mit Sicherheit der einen oder anderen Rubrik zuweisen; oft bringt erst der

Kontext zum Vorschein, daß an einem einzelnen Worte etwas unrichtig ist. Als Barbarismen galten Normabweichungen in der Aussprache oder Flexion, als Solözismen pleonastische Wendungen wie *nam enim* (»denn nämlich«) oder *in Alexandriam (Alexandriam* hätte für die Angabe des Ziels, »nach Alexandrien«, genügt), ferner *Aegypto* statt *ex Aegypto* (»aus Ägypten«) sowie Vertauschungen in der Wortfolge usw. (Quintilian 1,5).

Auch die zweite Stilqualität – die *σαφήνεια* (saphḗneia) / *perspicuitas*, »Klarheit« – und ihr Gegenteil, die Dunkelheit der Diktion, beruht teils auf den einzelnen Wörtern, teils auf dem Kontext. Bei den einzelnen Wörtern ist es oberstes Gebot, Proprietät zu wahren: man gebrauche die eigentlichen Bezeichnungen und achte außerdem auf Üblichkeit und Eindeutigkeit; man meide in der Regel Metaphern, Archaismen, Neuprägungen oder Ambiguitäten. Der beste Ausdruck ist nach Quintilian (8,2,9) der, *quo nihil inveniri possit significantius* – »der sich nicht durch einen treffenderen ersetzen läßt«. Das Gebot der Proprietät leidet freilich Ausnahmen: man hüte sich, schmutzige und niedrige Wörter in den Mund zu nehmen, und wenn es (ein ziemlich häufiger Fall) in einer Sprache für irgendeinen Gegenstand an einer eigentlichen Bezeichnung fehlt, dann kann man gar nicht umhin, eine uneigentliche zu verwenden, d. h. zu einer Katachrese Zuflucht zu nehmen. Für das Tischbein z. B. gibt es kein eigentliches Wort; der Tropus ›Bein‹ ist somit unvermeidlich. Als besonders großzügig erzeigt sich, was den Gebrauch von Metaphern angeht, Aristoteles (Rhetorik 3,2): geschickt gewählte Bilder vermögen Ungewöhnlichkeit, die die Rede reizvoll macht, mit einem hinlänglichen Maß an Deutlichkeit zu verbinden – weithergeholte übertragene Ausdrücke tun allerdings der Verständlichkeit Abtrag.

Die Klarheit des Kontextes beruht zuallererst auf einer eingängigen, überschaubaren Wortfolge. Man meide daher kühne Sperrungen, d. h. Trennungen syntaktisch zusammengehöriger Wörter, sowie lange Parenthesen, die zu Anakoluthen führen können. Auch doppeldeutige Satzkonstruktionen gefährden die *perspicuitas*; Quintilian verbietet sogar Gebilde, die lediglich in grammatischer Hinsicht mehrdeutig, in der Sache jedoch ganz eindeutig sind, wie *visum a se hominem librum scribentem* (8,2,16). Dieser Satz kann grammatisch zweierlei bedeuten: »er habe einen Sklaven gesehen, der ein Buch schrieb«, und »er habe ein Buch gesehen, das einen Sklaven schrieb«; die zweite Bedeutung kommt indes aus sachlichen Gründen nicht in Betracht. Als weitere Mängel gelten schließlich weitschweifige, gekünstelte Periphrasen einerseits und eine allzu prägnante Kürze andererseits.

Quintilian faßt seine detaillierten Darlegungen über die Klarheit und deren Gegenteil wie folgt zusammen (8,2,22):

> Für uns sei Durchsichtigkeit die wichtigste Eigenschaft des Ausdrucks: die eigentlichen Bezeichnungen, eine übersichtliche Wortfolge und ein nicht zu lange hinausgeschobener Satzschluß; nichts darf fehlen, nichts überflüssig sein – dann erscheint unsere Rede Kennern beifallswert und Ungeschulten leicht faßlich.

Der Redner kann sich im Verein mit Klarheit auch um Objektivität bemühen, insbesondere wenn er sich in dem glücklichen Falle befindet, daß er die Wahrheit auf seiner Seite hat. Und bei der Schilderung von Sachverhalten empfiehlt sich ein Höchstmaß von Plastizität: man bringe ein Gemälde in Worten, man stelle die Geschehnisse so lebendig dar, daß der Zuhörer sie mit eigenen Augen wahrzunehmen glaubt, kurz man sei auf *ἐνάργεια* (enárgeia) / *evidentia*, »Anschaulichkeit« bedacht (Quintilian 8,3,61–71). Neben solcher – von den Tatsachen wenig oder gar nicht abweichender – Intensivierung war es üblich, die Deutlichkeit parteiisch und unter stark affektbetonter Anteilnahme hochzutreiben, subjektiv zuzuspitzen und zu verzerren; diese in der rednerischen Praxis der Antike ganz übliche Darstellungsweise hieß in der Theorie *αὔξησις* (aúxēsis) / *amplificatio*, »Steigerung«.

Quintilian hat diesem Gegenstand ein ganzes Kapitel gewidmet (8,4); er unterscheidet dort nicht weniger als vier Grundtypen des Amplifizierens:

1. Man steigere sich in der Wahl seiner Ausdrücke, man wähle übertreibende Bezeichnungen (*incrementum*, »Vergröberung«).
2. Man bringe einen Vergleich, der etwas Geringeres als groß, schlimm usw. hinstellt; dann wird der Gegenstand, um dessentwillen man den Vergleich gebracht hat, erst recht als groß, schlimm usw. erscheinen (*comparatio*, »Vergleich«).
3. Man führe Nebenumstände vor, die vermuten lassen, daß die Hauptsache extreme Ausmaße hat (*ratiocinatio*, »Schlußfolgerung«).
4. Man balle einander verwandte Ausdrücke oder Gedanken zusammen (*congeries*, »Anhäufung«).

Das *πρέπον* (prépon), das *aptum* oder *decorum*, die »Angemessenheit« – der Name der dritten Stilqualität – war eine Kategorie, die weit über die Rhetorik hinausreichte, die auch in der antiken Poetik und Ethik Heimatrecht gefunden hatte. Der Begriff des Angemessenen, Passenden, Schicklichen vereinigte zwei Bedeutungsbereiche, die sich oft nicht scharf voneinander trennen lassen. Er zielte einmal auf etwas Faktisches, auf beobachtete Wirklichkeit, z. B. daß sich ein Athener so, ein Thebaner hingegen so zu verhalten pflege; er zielte zum anderen auf etwas Normatives, auf Regeln des Zulässigen und Geziemenden, z. B. daß man sich in einer bestimmten Situation so, in einer anderen hingegen so verhalten solle oder dürfe. Die beiden Bereiche fließen in der Beredsamkeit (und ebenso in der Dichtung) ineinander, weil auch die dort wiedergegebene Faktizität der gesellschaftlichen Wirklichkeit stark von Normen geprägt ist. Der Ausdruck Angemessenheit bezeichnete demnach bald mehr das Typische, bald mehr das Konventionelle; er bezeichnete – mit einem Wort – den Erwartungshorizont des Publikums, der auf eben diesen beiden Kategorien, auf dem Typischen und dem Konventionellen, beruhte. Die Rhetorik hatte die Angemessenheit dem bürgerlichen Alltag abgelauscht, der allenthalben von der Erwartung wiederkehrender Situationen und Verhaltensweisen durchdrungen ist. Die Dichtungstheorie wiederum hatte sie von der Rhetorik übernommen. Ein erster Ansatz findet sich in der aristotelischen »Poetik« (Kap. 15): der Charakter der dramatischen Figuren dürfe nicht in Widerspruch zu deren Alter, Geschlecht oder bürgerlichem Status stehen. In der »Ars poetica« des Horaz (73–250) ist hieraus eine umfassende, die gesamte Dichtung steuernde Kategorie geworden: alle Elemente des poetischen Werkes müssen aufeinander abgestimmt sein und zudem auf den Geschmack des Publikums Rücksicht nehmen.

Die einschlägigen rhetorischen Vorschriften gelten teils schlechthin für jede öffentliche Rede; sie zielen auf ästhetische Minimalforderungen, die stets beachtet werden müssen. Der weitaus größere und wichtigere Teil der Lehre von der Angemessenheit bezieht sich indes auf die jeweilige Situation; er ist die sedes materiae für die je erforderlichen Differenzierungen: nach dem Gegenstand der Rede, nach der Person des Redners, nach der Art und Zusammensetzung des Publikums, nach Ort und Zeit.

Die für jede Rede verbindlichen Minimalforderungen ergeben sich aus den Mängelkatalogen, die insbesondere Aristoteles (Rhetorik 3,3) und Quintilian (8,3,44–60) zusammengestellt haben. Quintilian erörtert außer Nachlässigkeiten, die sich genausogut oder besser als Beeinträchtigungen der *perspicuitas* auffassen ließen (die Rede ist unvollständig oder langatmig usw.), zwei Arten von generellen Verstößen gegen die Angemessenheit. Die eine Art heißt *κακέμφατον* (kakémphaton), »häßlich Klingendes«: Wortfolgen, die, wenn sie rasch ausgesprochen werden, etwas Unanständiges ergeben. Die andere Art – das *κακόζηλον* (kakózēlon), die *mala affectatio*, der »übel angebrachte Ehrgeiz«, das Äquivalent des *ψυχρόν* (psychrón), des »Frostigen« bei Aristoteles – reicht weiter; sie umfaßt alles, was einem normalen Stilempfinden als unnatürlich, überflüssig, gespreizt oder geziert erscheint. Die Besonderheit dieser häufigen Fehlerquelle besteht darin, daß *cetera parum vitantur, hoc petitur* (daß »die übrigen Fehler zu wenig gemieden, dieser gesucht wird«; Quintilian 8,3,56): man möchte es besonders gut machen und macht es gerade verkehrt, weil es an der Kontrollinstanz des Geschmacks fehlt. Aristoteles klassifiziert diese Manierismen nach den Kategorien zusammengesetzte Wörter (»engwegiges Ufer«), Provinzialismen, Attribute (»unter des Waldes Zweigen« statt »unter Zweigen«) und Metaphern (»grüne und im Saft stehende Angelegenheiten«).

Als Wegbereiter für die situationsbezogene Angemessenheit kann das Kapitel 3,7 der aristotelischen »Rhetorik« gelten: unsere Diktion ist angemessen, wenn sie die passenden Affekte und den passenden Charakter ausdrückt und überdies dem behandelten Gegenstand entspricht. Diese Dreiheit läßt sich auf zwei Prinzipien zurückführen: die Diktion hängt vom Stoff ab, wozu u. a. gehört, daß sie die je sachgemäße affektische Färbung enthält (man soll zornig reden, wenn es um übermütige Behandlung geht, entrüstet und angewidert, wenn um Gottlosigkeit oder Schändlichkeit usw.); die Diktion muß außerdem auf die Person des Redners zugeschnitten sein. Eine differenziertere Umschreibung des Problemkreises findet sich bei Cicero (De oratore 3,210): »Dies ist gewiß deutlich, daß nicht für jede Sache oder jeden Hörer oder jeden Sprecher oder jede Situation ein und dieselbe Ausdrucksweise angemessen ist.« Denn Kapitalprozesse, legt Cicero dar, erforderten einen anderen Tonfall als geringfügige Privatstreitigkeiten, und einen je verschiedenen Stil verlangten Beratungen, Lobreden, Plädoyers, Gespräche, Trostworte, Scheltreden, Diskussionen und Geschichtsdarstellungen. Es komme auch sehr darauf an, wer zuhöre: ob der Senat, das Volk oder Richter, ob viele, wenige oder einzelne, und was für Leute. Ferner müsse man darauf achten, in welchem Alter der Redner stehe, welchen Rang und welches Ansehen er habe, und was schließlich die Situation angehe, so mache es einen Unterschied, ob Krieg herrsche oder Frieden, ob man Eile habe oder viel Zeit.

Der Gegenstand der Rede bedingt, welche Stilart angezeigt ist; dasselbe gilt für die jeweilige Funktion eines Redeteils. Der schlichte Stil hat sein Hauptanwendungsgebiet bei der Funktion des *docere* und *probare*, des Belehrens und Beweisens, der mittlere beim *conciliare* und *delectare*, beim Für-Sich-Einnehmen und Unterhalten, der erhabene endlich beim *flectere* und *movere*, beim Umstimmen und Ergreifen (Cicero, Orator 69).

Bei der Person des Redners kommt die Ambivalenz des Kriteriums *aptum*, der jeweiligen Angemessenheitserwartungen, besonders deutlich zum Vorschein: die Rede muß einerseits typische, wertneutrale Eigenschaften spiegeln, die man beim Redner auf Grund seines Alters, seiner Lebensstellung usw. voraussetzt; sie soll andererseits bestimmten sittlichen Anforderungen Genüge tun. Über die typischen Eigenschaften schreibt z. B. Quintilian (11,1,31–38): für ältere Leute zieme sich weniger ein voller, kühner und üppiger Stil als ein knapper, milder, gefeilter; bei jüngeren wiederum sei man eher geneigt, etwas Überschäumendes und geradezu Gewagtes hinzunehmen, während ihnen Trockenheit und die affektierte Suche nach steifer Würde schlecht zu Gesicht stünde. Oder: gewisse Dinge dürften sich allein Fürsten herausnehmen; Soldaten sprächen schlicht und kurz. Diese Lehre vom Ethos des Redenden hatte vor allem in Athen Gewicht: vor den dortigen Gerichten durfte man sich nicht durch einen Anwalt vertreten lassen, sondern mußte selbst sprechen; es gab indes berufsmäßige Redenschreiber, die sogenannten Logographen, von denen man sich sein Plädoyer aufsetzen lassen konnte; der Redenschreiber aber mußte darauf achten, daß er beim Abfassen der Rede einen Ton traf, der zur Person des Auftraggebers paßte.

Von den großen attischen Rednern betätigten sich nicht wenige als Logographen; die Fähigkeit zur Ethopoiie, zur Einfühlung in den Charakter des jeweiligen Sprechers wurde zumal bei Lysias gerühmt. Zu den sittlichen Anforderungen wiederum, denen der Redner genügen mußte, deren Mißachtung ihn mit großer Sicherheit um den Erfolg brachte, gehörte insbesondere das Gebot, jede Prahlerei, jedes Auftrumpfen mit der eigenen Person zu meiden, womit, wie Quintilian richtig feststellt (11,1,17), Cicero viel Anstoß erregt hat. Ferner pflegen Respektlosigkeit und Jähzorn vom Publikum übel aufgenommen zu werden (je älter jemand ist, desto übler), sowie kriecherische Schmeichelei und gesuchte Possenhaftigkeit (Quintilian 11,1,29–30).

Die jeweilige Zuhörerschaft ist ebenfalls von beträchtlichem Einfluß auf Diktion und Argumentationsweise: es macht einen großen Unterschied, ob man vor einem Fürsten, vor Beamten oder Senatoren oder vor der Volksversammlung, vor einem großen Gerichtshof oder ein paar Schiedsmännern redet. Vor dem Senat zumal bedient man sich einer anderen Tonlage und Ausdrucksweise als vor einer Bürgerversammlung. Für diese Differenz steht veranschaulichendes Material zu Gebote: Cicero hat des öfteren über dieselben Themen sowohl vor Seinesgleichen als auch vor dem Volke gesprochen (die »Reden gegen das Ackergesetz«, die »Catilinarischen Reden«, die »Dankreden nach der Rückkehr aus dem Exil«, die »3. und 4. philippische Rede«): vor dem Senat gibt Cicero sich kühl und rational; dem Volke bringt er die Dinge in vereinfachter Form und zugleich auf eine plastischere und stärker an Emotionen appellierende Weise nahe.

Über das Erfordernis der Differenzierung nach Zeit und Ort machen die Theoretiker nicht allzu viele Worte: diese Kriterien kommen meist schon implizit bei der Berücksichtigung des Gegenstandes der Rede und bei der Berücksichtigung der Zuhörerschaft zur Geltung. Die Zeit, bemerkt Quintilian, an Cicero anknüpfend

(11,1,46–47), sei bald trübe, bald heiter, bald unbeschränkt, bald knapp, worauf man sich jeweils einrichten müsse; auch mache es viel aus, ob man in der eigenen Gemeinde oder einer fremden, auf dem Forum oder im Feldlager spreche usw.

Die vierte Stilqualität, die *κατασκευή* (kataskeué) / der *ornatus*, der »Schmuck«, hat sich in der Theorie und Praxis der griechisch-römischen Beredsamkeit besonderer Pflege erfreut; wohl durch kein Merkmal unterscheidet sich die Eloquenz der Antike so deutlich von der späterer Zeiten wie durch die Sorgfalt, die man der Wortwahl und dem Satzbau, dem Klang und dem Rhythmus der Rede hat angedeihen lassen. Daß man ein recht umfangreiches Repertoire ästhetischer Mittel keineswegs als unnützen Zierat, als bloße Beigabe, als Luxus betrachtete, ergibt sich z. B. aus zwei Maximen, mit denen Quintilian das einschlägige Kapitel 8,3 einleitet:

> Wer fehlerfrei und klar redet, findet nur wenig Anerkennung; er hat zwar Fehler vermieden, aber noch lange keine große Leistung vollbracht.

Und (§ 5):

> Der Schmuck der Rede ist der Sache nicht wenig förderlich. Denn wer gern zuhört, paßt besser auf und ist eher geneigt, sich überzeugen zu lassen; oft nimmt ihn sein Vergnügen gefangen, manchmal reißt ihn seine Bewunderung hin.

Der stilistische Schmuck findet seine Grenze an den Geboten der sprachlichen Korrektheit und der Klarheit, an dem Gebot der Klarheit allerdings nur bedingt: wer schmücken will, muß vom Gewöhnlichen, vom Nächstliegenden abweichen, was wohl stets eine gewisse Einschränkung der Klarheit mit sich bringt. Schmuck und Klarheit stehen zueinander in einem gewissen Spannungsverhältnis, und der Redner muß achtgeben, was er sich jeweils an Abweichungen vom Üblichen erlauben darf; das Bildungsniveau des Publikums sowie die Gattung und der Anlaß der Rede gestehen ihm ein je verschiedenes Maß an Freiheit zu.

Für den Bereich des rednerischen Schmucks hat sich dieselbe Zweiteilung eingebürgert wie für die Stilqualitäten der Sprachrichtigkeit und der Klarheit: der Schmuck beruht sei es auf einzelnen, sei es auf mehreren, miteinander verbundenen Wörtern. Präziser äußert sich Cicero in der Zusammenfassung, mit der er in seiner rhetorischen Hauptschrift die Erörterung dieser Materie abschließt (De oratore 3,201):

> Ich möchte euch dringend empfehlen, die Leistung des Redners, wenn sie hervorragend und bewundernswert sein soll, in nichts anderem zu sehen als darin, daß ihr euch bei den einzelnen Wörtern an drei Regeln haltet: übertragene Ausdrücke häufig, neugebildete gelegentlich und veraltete nur selten zu verwenden; was aber die zusammenhängende Rede betrifft, so müssen wir, wenn wir auf die Glätte der Wortverbindungen und der Rhythmisierung geachtet haben, die ganze Darstellung mit den Glanzlichtern, wenn ich so sagen darf, des Gedankens und des Ausdrucks schmücken und beleben.

In diesem wohl auf Theophrast zurückgehenden Schema werden unterschieden: der Schmuck durch einzelne Wörter (*singula verba*), mit Hilfe von drei Kategorien ungewöhnlicher Ausdrücke, der übertragenen, der neugebildeten und der veralteten Wörter (der Tropen, der Neologismen und der Archaismen); der Schmuck in der zusammenhängenden Rede (*perpetua oratio*), durch glatte Wortfügung und Rhythmisierung sowie durch die ›Glanzlichter‹ der Wort- und Sinnfiguren.

Um, was den Schmuck durch einzelne Wörter betrifft, mit den beiden weniger bedeutsamen Kategorien, den Archaismen und Neologismen, zu beginnen: Archaismen – altertümliche Wörter, die in der Umgangssprache längst außer Gebrauch gekommen sind – dürfen am ehesten in der Poesie verwendet werden. In der Prosa sind sie nur gelegentlich am Platz: wenn es darauf ankommt, der Rede eine gewisse Würde zu verleihen (Cicero, De oratore 3,153). Man muß also mit diesem Stilmittel maßhalten; auch darf man nicht bis in die früheste Vorzeit zurückgehen (Quintilian 8,3,25). Derartige Warnungen waren in Rom, wo man die Alterspatina so sehr schätzte, nur zu berechtigt; seit den Tagen des Sallust (86–34 v. Chr.) gab es dort eine Tradition des Archaisierens, die nie abriß und im 2. nachchristlichen Jahrhundert alleinherrschend wurde – schon Seneca (4 v. Chr.–65 n. Chr.) spottete: »Viele holen ihr Vokabular aus einem anderen Zeitalter; sie sprechen die Sprache der Zwölftafeln« (Epistulae morales 114,13).

Andererseits ist der Neologismus, die Neubildung als Mittel, der Rede Originalität zu verleihen, eher eine Spezialität der Griechen: die griechische Sprache, stets geschmeidig und formbar, setzte der Herstellung stets neuer Komposita und stets neuer, mit Hilfe von Suffixen geschaffener Ableitungen kaum Widerstand entgegen. In Rom hatte zumal der archaische Dichter Ennius (239–169 v. Chr.) versucht, wenigstens das poetische Vokabular nach Analogie des Griechischen zu bereichern. Er fand nur wenig Resonanz – das Lateinische, schon von Hause aus relativ wortarm, erwies sich selbst in der Dichtung als überaus spröde gegenüber Neubildungen. »Wörter zu bilden, ist eher den Griechen erlaubt«, bemerkt Quintilian (8,3,30–31); »unsere Schriftsteller haben selbst von dem Wenigen, was sie sich bei Wortverbindungen oder Wortableitungen herausgenommen haben, kaum etwas allgemein durchzusetzen vermocht.« Die einzige wirklich bedeutende Leistung, welche die Römer auf diesem Gebiet vollbracht haben, ist die Latinisierung griechischer Fachausdrücke: der rhetorischen durch die Redelehrer allgemein, der philosophischen vor allem durch Cicero.

Das umfangreiche Gebiet der Tropen, der »Wendungen«, d. h. der uneigentlichen, übertragenen Ausdrücke, ist von erheblicher praktischer Bedeutung. Gerade hier, bei der Suche nach ebenso originellen wie treffenden Bezeichnungen, können die Schriftsteller, die Dichter ebenso wie die Redner, ihren Einfallsreichtum zeigen. Aristoteles behauptet nicht zu Unrecht (Poetik 22), es sei bei weitem das Wichtigste, daß man bildliche Ausdrücke (er sagt: Metaphern; er meint indes das Gebiet der Tropen überhaupt) zu finden wisse; dies könne man nicht von anderen erlernen, es sei ein Zeichen von Begabung. Die Theoretiker der Beredsamkeit haben auf diesem Sektor besonders intensiv getüftelt und gebosselt, so daß sich mitunter auch Kategorien einbürgerten, die sei es gänzlich unnütz, sei es im Bereich der Tropen fehl am Platze waren (Cicero, De oratore 3,149–170; Quintilian 8,6).

Man kann die Typen uneigentlicher Ausdrücke, die sich sinnvollerweise unterscheiden lassen, nach ihrer größeren oder geringeren Distanz vom eigentlichen Ausdruck ordnen und sie gewissermaßen auf einer nach diesem Kriterium eingerichteten Skala eintragen. Nur wenig mehr als nichts beträgt diese Distanz vom eigentlichen und gewöhnlichen Ausdruck beim Synonym, bei der Periphrase und bei der Litotes; hier bleibt der Tropus, der an die Stelle des eigentlichen Wortes tritt, mit diesem der Bedeutung nach nahezu identisch. Das Synonym, das ›gleichbedeutende‹ Wort, ist selten völlig gleichbedeutend; der Ausdruck *ensis* (»Schwert«) hat einen feierlicheren, poetischeren Klang als das Synonym *gladius*. Die Periphrase, die Umschreibung, drückt durch mehrere Wörter aus, was sich auch mit einem Worte, jedenfalls aber kürzer, hätte sagen lassen: *lac pressum*, »gepreßte Milch«, steht für »Käse« (Vergil, Ekloge 1,81); die Definition, die Angabe der übergeordneten Gattung und der spezifischen Differenz, ist nichts anderes als eine Periphrase. Man verwendet sie mitunter als Euphemismus, um Anstößiges zu verhüllen, wie z. B. *ad requisita naturae*, »zu dem, was die Natur verlangt« (Sallust bei Quintilian 8,6,59), und meist zum Schmuck, zur effektvollen Hervorhebung eines Begriffs, wie z. B. *Scipionis providentia Karthaginis opes fregit*, »Scipios Klugheit vernichtete Karthagos Macht« statt »Scipio vernichtete Karthago« (Rhetorik an Herennius 4,43). Die Litotes ist ein Sonderfall der Periphrase: ein hoher Grad von etwas wird durch die Negation des

Gegenteils umschrieben; »nicht wenig« bedeutet »ziemlich viel«.

Eine erste Stufe der Distanz vom eigentlichen Ausdruck nehmen die Synekdoche und die hiermit verwandten Erscheinungen ein: die Bedeutung des eigentlichen und des übertragen verwendeten Worts sind nur noch zum Teil miteinander kongruent. Die Synekdoche (das »Mitverstehen«, nämlich von etwas, das nur angedeutet ist) bleibt teils unter dem Begriffsumfang der eigentlichen Bezeichnung, teils reicht sie darüber hinaus: »Man versteht unter einem kleinen Teil das Ganze oder unter dem Ganzen einen Teil« (Rhetorik an Herennius 4,44). Die den in Wahrheit gewollten Begriffsumfang überschreitende Synekdoche tritt auf als: *genus pro specie*, »Gattung statt Art« (z. B. Sterbliche für Menschen); *totum pro parte*, »das Ganze statt eines Teils« (z. B. Reichtum für ein teures Kleid); *pluralis pro singulari*, »Mehrzahl statt Einzahl« (z. B.: »Wir haben das Volk beeindruckt und uns als Redner erzeigt«; so – nach Quintilian 8,6,20 – Cicero, obwohl er nur von sich spricht). Entsprechend findet sich die den eigentlich gemeinten Begriffsumfang unterschreitende Synekdoche als: *species pro genere*, »Art statt Gattung« (z. B. Brot für den gesamten Lebensunterhalt); *pars pro toto*, »ein Teil statt des Ganzen« (z. B. Dach für Haus); *singularis pro plurali*, »Einzahl statt Mehrzahl« (›der Römer‹ für die Gesamtheit aller Römer).

Ein mit der Synekdoche verwandter, ebenfalls mit dem Proprium nicht mehr völlig kongruenter Tropus ist die Antonomasie, der Ersatz eines Eigennamens durch eine Periphrase (z. B. Fürst der römischen Beredsamkeit für Cicero) oder durch ein Appellativum (z. B. das Patronymikon Pelide für Achill; *Cytherea*, »die Cythererin«, für Venus, die auf Kythera, südlich des Peloponnes, einen Tempel hatte). Die Emphase, die prägnante Verwendung eines Begriffes, bezeichnet ein bestimmtes Merkmal durch einen Ausdruck, in dessen Bedeutung dieses Merkmal enthalten ist; man kann diesen Tropus als Sonderfall der das eigentlich Gemeinte überschreitenden Synekdoche auffassen. »Sei ein Mann« heißt so viel wie: »Zeige Männlichkeit, sei tapfer«; »Man muß leben« bedeutet: »Man muß sich durchschlagen« (Quintilian 8,3,86). Die Emphase muß durch besondere Signale, durch Gesten und vor allem durch starke Betonung, hervorgehoben werden; der Zuhörer könnte sonst den emphatisch gemeinten Ausdruck im Wortsinne verstehen, und die ganze Aussage schiene inhaltsleer. Schließlich die Hyperbel, die Übertreibung: das eigentlich Gemeinte wird durch eine darüber hinausgehende Bezeichnung ausgedrückt, und zwar so, daß das Publikum die Übertreibung bemerkt, wie z. B. im Falle von *melle dulcior*, »süßer als Honig« für etwas sehr Süßes (Rhetorik an Herennius 4,44).

Eine zweite Stufe der Entfernung vom Ausgangswort wird durch die Metonymie / *denominatio*, die »Vertauschung des Ausdrucks«, repräsentiert. Hier läßt sich beim Bedeutungsumfang des eigentlichen und des übertragen verwendeten Wortes keine Teilkongruenz mehr feststellen; wohl aber grenzen das eigentliche und das übertragen verwendete Wort noch aneinander, sie berühren sich gleichsam an der Peripherie. Die Metonymie besteht darin, daß man die Ursache nennt und die Wirkung meint oder – weit seltener – umgekehrt. Man ersetzt die Wirkung durch die Ursache, wenn man den Autor sein Werk vertreten läßt: »Vergil lesen«, oder wenn man durch eine Gottheit deren Funktionsbereich bezeichnet: durch Mars den Krieg, durch Bacchus den Wein, durch Neptun das Meer usw. Man ersetzt hingegen die Ursache durch die Wirkung, wenn man Feldfrucht statt Ceres sagt oder mit *sarisa*, der makedonischen Lanze, auf die Makedonen selber zielt: »Nicht so bald vermochten sich die Sarisen Griechenlands zu bemächtigen« (Rhetorik an Herennius 4,43). Zur Metonymie gehören ferner die Vertauschung von Abstraktum und Konkretum (z. B. Nachbarschaft für die Nachbarn) sowie die von Symbol und eigentlich Gemeintem (z. B. *toga* für Frieden, Waffen für Krieg).

Bei der Metapher endlich, der *translatio*, dem bildlichen Ausdruck – der Königin der Tropen – sind der eigentlich gemeinte und der statt seiner in übertragenem Sinne verwendete Begriff durch eine weite Kluft voneinander getrennt; die Metapher befindet sich somit am äußersten Ende jener Skala der zunehmenden Distanz von eigentlicher und uneigentlicher Diktion. Die Maienblüte und die Jugend, der schlaue Mensch und der Fuchs gehören gänzlich verschiedenen Sphären an; was diese Ausdrücke gleichwohl miteinander verknüpft, so daß der eine als Metapher für den anderen, für die eigentliche Bezeichnung, eintreten kann, ist ein geistiges Band, eine gewisse Analogie oder Ähnlichkeit, ein tertium comparationis, d. h. ein ihnen gemeinsames Merkmal, auf dem ihre Vergleichbarkeit beruht. Wie sich die Maienblüte zum Jahr verhält, so verhält sich die Jugend zum Menschenleben, und wie der Fuchs zu den übrigen Tieren, so der Schlaukopf zu anderen Menschen; folglich kann die Jugend als Maienblüte und ein Schlaukopf als Fuchs bezeichnet werden. Die Metapher ist nichts als ein verkürztes Gleichnis; »Achill kämpfte wie ein Löwe«, ein Gleichnis, läßt sich mühelos in »Achill, ein Löwe in der Schlacht«, eine Metapher, transformieren. »Die Metapher unterscheidet sich vom Gleichnis dadurch, daß das Gleichnis eine Vergleichung mit dem Sachverhalt vornimmt, den wir darstellen wollen, während die Metapher für die Sache eintritt« (Quintilian 8,6,8).

Die fortgesetzte Metaphorisierung eines Textes mit Hilfe derselben Bildsphäre heißt Allegorie (von *ἀλληγορεῖν*–allēgoreín, »anders«, d. h. bildlich, »reden«). Quintilian bringt aus einer nicht erhaltenen Cicero-Rede das folgende Beispiel (8,6,47): »Darüber wundere, darüber beklage ich mich, daß jemand so sehr darauf aus ist, einen anderen zugrunde zu richten, daß er sogar das Schiff anbohrt, auf dem auch er selber fährt.« Hier tritt ein ganzes Bildfeld, die Seefahrt, genauer der Seekrieg, für den Staat, für die von inneren Konflikten heimgesuchte staatliche Gemeinschaft ein. Neben der Allegorie steht, systematisch gesehen, die Ironie: während der allegorisch Redende etwas anderes meint, als er sagt, meint der ironisch Redende das Gegenteil von dem, was er sagt; jemand macht sich z. B. das Vokabular seines Gegners zu eigen, um dessen Unglaubwürdigkeit zu demonstrieren, und zwar im Vertrauen darauf, daß die Zuhörerschaft diese seine ironische Absicht erfaßt.

Den Tropen entsprechen im Bereich der zusammenhängenden Rede, der *perpetua oratio*, die *σχήματα* (schḗmata) / *figurae*, die »Figuren«, eine Materie, für welche die rhetorische Theorie der Antike ein schwer überschaubares Gewirr von Kategorien zusammengestellt hat. »Eine Figur ist, wie schon der Name zu erkennen gibt, eine kunstmäßig gestaltete Form des Ausdrucks, die von der gewöhnlichen und zuerst sich anbietenden Art und Weise abweicht« (Quintilian 9,1,4). Ein Tropus kommt dadurch zustande, daß ein einzelnes Wort ausgetauscht, statt des einen Worts ein anderes eingesetzt wird. Anders die Figuren: bei ihnen finden derartige Vertauschungen von Ausdrücken nicht statt (es sei denn zusätzlich: eine Figur kann einen Tropus enthalten); sie beruhen vielmehr auf bestimmten Verknüpfungen einer Reihe von Wörtern, welche die Bedeutungen dieser Wörter unangetastet lassen. Tropen nehmen Spielräume im Bereich der Semantik wahr; Figuren machen sich Spielräume im Bereich der Syntax zunutze.

Die rhetorische Theorie der Antike pflegt die Figuren in zwei Gruppen einzuteilen: in die Wort- und die Sinn- oder Gedankenfiguren. Die Wortfiguren sind an einen bestimmten Wortlaut gebunden und verschwinden, wenn der Wortlaut geändert wird, sie haften also am sprachlichen Ausdruck. Die Sinnfiguren bleiben auch dann bestehen, wenn das Wortmaterial sich ändert; sie sind Formen der Gedankenführung, die vom Nächstliegenden abweichen.

Bei den Wortfiguren, den *σχήματα λέξεως* (schḗmata

léxeōs) / *figurae verborum*, werden zunächst grammatische und rhetorische (stilistische) Figuren unterschieden. Als grammatische Figuren gelten Abwandlungen, die eigentlich gegen zwingende Normen der Syntax verstoßen, aber, da um bestimmter Zwecke willen beabsichtigt, nicht als Solözismen angesehen werden. Zu dieser Rubrik gehören insbesondere die sogenannten *constructiones ad sensum*, Fügungen, bei denen sich ein Element nicht nach der grammatischen Form, sondern nach dem Sinn des Beziehungswortes richtet. Auf ein Substantiv im Singular, das ein Kollektiv bezeichnet, folgt ein zugehöriger Satzteil im Plural: *gladio pugnacissima gens, Romani*, »das mit dem Schwert höchst streitbare Volk, die Römer« (Quintilian 9,3,2–27).

Die rhetorischen Wortfiguren lassen sich – in Anknüpfung an Quintilian (9,3,27–28 und 58) – in drei Kategorien einteilen: sie beruhen entweder auf einer Hinzufügung oder auf einer Auslassung oder aber auf einer Umstellung. Der zuerst genannten Kategorie gehören die weitaus meisten Wortfiguren an; sie haben die Gemeinsamkeit, daß sie durch Wort- oder Klangwiederholungen zustande kommen. Eine Gruppe wahrt strenge Gleichheit des sich wiederholenden Elements. Die Anadiplose oder Verdoppelung (*geminatio*) besteht darin, daß ein betonter Satzteil zur Steigerung des Pathos zweimal gebracht wird, wobei die zweite Nennung der ersten unmittelbar folgt: *fuit fuit ista quondam in hac re publica virtus* – »Es gab, es gab sie einst in unserem Staatswesen, diese Entschlossenheit« (Cicero, In Catilinam 1,3). Die Anapher wiederum, bei der mehrere Satzglieder mit demselben Wort beginnen, soll durch die Markierung des syntaktischen Gefüges die Folge der Gedanken gleichsam einhämmern: *Scipio Numantiam sustulit, Scipio Karthaginem delevit, Scipio pacem peperit ...* – »Scipio hat Numantia vernichtet, Scipio Karthago zerstört, Scipio Frieden gebracht ...« (Rhetorik an Herennius 4,19). In ähnlicher Weise sind auch einige verwandte Figuren – besonders die Epipher, die Wiederholung des letzten Wortes mehrerer Glieder, sowie das Polysyndeton, die Verknüpfung mehrerer paralleler Glieder durch ›und‹ oder eine andere Konjunktion – geeignet, den Satz hervorzuheben und ihm mehr Fülle und Gewicht zu verleihen.

Bei einer zweiten Gruppe der auf einer Hinzufügung beruhenden rhetorischen Wortfiguren ist das Prinzip der Gleichheit des sich wiederholenden Elements gelockert: Bedeutung und syntaktische Funktion können differieren; die Wörter, welche die Figur tragen, brauchen also nur noch durch klangliche Entsprechungen aufeinander bezogen zu sein. Die Klangähnlichkeit kann durch die Identität des Wortstammes bedingt, also zugleich semantisch fundiert sein; dieser Fall heißt Polyptoton: *Ut tum ad senem senex de senectute, sic hoc libro ad amicum amicissimus scripsi de amicitia* – »Wie ich damals einem Greise als Greis etwas über das Greisenalter dargelegt habe, so in diesem Buch einem Freunde als engster Freund etwas über die Freundschaft« (Cicero, Laelius 5). Für die hierher gehörige Kombination von Verb und stammgleichem Nomen hat sich erst in der Neuzeit die Bezeichnung *figura etymologica* eingebürgert: *voce vocans Hecaten* – »mit lautem Rufe rief er Hekate« (Vergil, Äneis 6,247). Wenn die Beziehung nur auf einer zufälligen Klangähnlichkeit beruht, dann spricht man von einem Wortspiel (Paronomasie, *annominatio*): *ratio – oratio, res – spes, verba – verbera* und vieles andere, z. B.: *Est idem Verres qui fuit semper, ut ad audendum proiectus, sic paratus ad audiendum* – »Noch ist Verres derselbe, der er stets gewesen, ebenso so anmaßend zu wagen wie entschlossen, sich alles sagen zu lassen« (Cicero, In Verrem 2,1,2). Abarten hiervon sind die häufigere Wiederkehr desselben Anfangskonsonanten, die in der Neuzeit den Namen Alliteration erhalten hat, sowie das Homoioteleuton, die Wiederkehr des gleichen Wortausgangs – zwei Figuren, die in Caesars berühmtem *veni vidi vici* (»ich kam, ich sah, ich siegte«) kombiniert auftreten.

Bei den Repräsentanten der dritten und letzten Gruppe

von Hinzufügungsfiguren findet sich keinerlei klangliche Beziehung; das Prinzip der Gleichheit wird durch die Wiederkehr einander bedeutungsverwandter Ausdrücke gewahrt. Das Hendiadyoin ist die Figur, die einen komplexen Begriff in zwei Teile zerlegt: *qualem pateris libamus et auro* – »wie wir in Schalen es weihn und in Golde« (nämlich das Getränk) für »in goldenen Schalen« (Vergil, Georgica 2,192). Eine verwandte Erscheinung, die Zergliederung eines Hauptbegriffs in eine Reihe von zugehörigen Teilen, heißt *distributio: Siciliam provinciam C. Verres per triennium depopulatus esse, Siculorum civitates vastasse, domos exaninisse, fana spoliasse dicitur* – »C. Verres hat, so wird behauptet, drei Jahre lang die Provinz Sizilien verheert, die Gemeinden der Sizilier heimgesucht, die Häuser ausgeplündert, die Heiligtümer beraubt« (Cicero, In Caecilium 11). Die *congeries* wiederum besteht, wie der Name sagt, aus einer Häufung von Synonymen: *Abiit, evasit, excessit, erupit* – »Er ging weg, er entwich, er verschwand, er stürzte davon« (Cicero, In Catilinam 2,1). Die Klimax endlich, die *gradatio* ist eine Sequenz von Begriffen, in der der je folgende den je vorausgehenden überbietet: *In urbe luxuries creatur, ex luxuria exsistat avaritia necesse est, ex avaritia erumpat audacia, inde omnia scelera ac maleficia gignuntur* – »In der Stadt kommt Verschwendungssucht auf; aus der Verschwendungssucht muß Habgier entstehen, aus der Habgier Skrupellosigkeit hervorbrechen, und hieraus entspringen alle Verbrechen und Missetaten« (Cicero, Pro Sex. Roscio 75).

Die durch eine Auslassung bedingte Wortfigur par excellence ist die eben hiernach benannte Ellipse, eine Erscheinung, die vor allem auf typischen Gepflogenheiten der Umgangssprache beruht: die Kopula *est* / *sunt* bleibt fort, oder *ait*, (»er sagt«) in Wendungen wie *ut Plato* – »wie Plato« (nämlich »sagt«) usw. Das Asyndeton hingegen gehört ganz dem Arsenal der Rhetorik an; der Redner hämmert durch eine Sequenz unverbundener Satzglieder in gleicher syntaktischer Funktion auf die

Zuhörer ein: *Abiit, evasit* usw. sowie *Vicit pudorem libido, timorem audacia, rationem amentia* – »Die Begierde überwand die Scham, die Tollheit die Scheu, der Wahnwitz die Vernunft« (Cicero, Pro Cluentio 15). Schließlich das Zeugma – mehrere Objekte sind mit einem und demselben Prädikat verknüpft, das indes genau genommen nur zu einem dieser Objekte paßt: *Alii naufragio, alii a servulis ipsius interfectum eum (*sc. *Magonem) scriptum reliquerunt* – »Von Mago überliefern einige, er sei durch einen Schiffbruch, andere, er sei von seinen eigenen Sklaven ermordet worden« (Nepos, Hannibal 8,2).

Als Figuren, die durch eine Umstellung, durch kunstvolles Abweichen von der üblichen Wortfolge bedingt sind, lassen sich der Chiasmus, das Hyperbaton und das Hysteron proteron auffassen. Der Chiasmus ist die Überkreuzstellung einander entsprechender Wörter wie *satis eloquentiae, sapientiae parum* – »genug an Beredsamkeit, an Einsicht zu wenig« (Sallust, Catilina 5,4). Ein Hyperbaton, eine Sperrung liegt vor, wenn syntaktisch eng zusammengehörige Wörter durch den Einschub entfernterer Satzglieder voneinander getrennt sind: *Instabilis in istum plurimum fortuna valuit* statt *Instabilis fortuna in istum plurimum valuit* – »Das unstete Geschick nahm ihn hart mit« (Rhetorik an Herennius 4,44). Das Hysteron proteron versetzt einen Geschehensablauf in eine künstliche Ordnung; das der Zeit nach Vorausgehende wird nachgestellt: *Moriamur et in media arma ruamus* – »Wir wollen sterben und uns mitten ins Waffengewühl stürzen« (Vergil, Äneis 2,353).

Cicero zählt in seinen Schriften »De oratore« (3,202–205) und »Orator« (136–139) lange Reihen sogenannter Sinn- oder Gedankenfiguren, *σχήματα διανοίας* (schḗmata dianoías) / *figurae sententiarum*, auf. Quintilian, der die beiden Partien zitiert (9,1,26–45), rückt von einer derart weitherzigen Auffassung des Begriffs Sinnfigur ab: Cicero habe schlechthin alles zusammengetragen, was in einer Rede vorkomme; er selbst wolle sich auf die Erscheinungen beschränken, die sich dadurch auszeichneten, daß sie von der gewöhnlichen Ausdrucksweise abwichen (9,2,1–2). Quintilian hat recht. Bei Cicero erscheint die Rubrik Sinnfiguren als Sammelbecken für eine große Vielfalt von Stilmitteln und Argumentationstechniken; man kann die von ihm genannten Begriffe zu den folgenden vier Gruppen zusammenfassen:

1. Grade der Ausführlichkeit und Anschaulichkeit der Darstellung (z. B. Verweilen bei einer Sache = *commoratio*, summarische Behandlung = *percursio*, Vor-Augen-Führen = *rerum sub aspectum subiectio*);
2. perspektivische Darstellungsweisen, subjektive Brechungen (z. B. Verkleinerung = *extenuatio*, Ironie = *illusio*);
3. Anordnungstaktiken (z. B. Abschweifung = *digressio*, Abtrennung von schon Behandeltem = *seiunctio*, Wiederholung = *iteratio*);
4. Argumentationstechniken (z. B. vorweggenommene Abwehr eines möglichen Angriffs = *praemunitio*, Rechtfertigung = *purgatio*).

Die folgende Übersicht hält sich an das Kriterium Quintilians; sie nennt nur die häufigsten und profiliertesten Erscheinungen, die sich deutlich von ihrer Umgebung abheben und die man daher mit Fug und Recht als ›Figuren‹ bezeichnen kann. Das einschlägige Material läßt sich vier Bereichen zuweisen.

Einem ersten Bereich gehören die Sinnfiguren an, die sich zum Zwecke der affektbetonten Steigerung eines anderen Satztyps bedienen, als die Sache, nüchtern dargestellt, erfordert hätte; die Abweichung von der gewöhnlichen Ausdrucksweise findet somit auf dem Felde der Syntax statt. Die häufigste und bekannteste Figur dieses Typs ist die rhetorische Frage (*interrogatio*), eine Frage, auf die keine Antwort erwartet wird, die lediglich dazu dient, einer Behauptung mehr Nachdruck zu verleihen: *Quousque tandem abutere, Catilina, patientia nostra*? – »Wie lange noch, Catilina, willst du unsere Geduld mißbrauchen?«

(Cicero, In Catilinam 1,1). Der rhetorischen Frage steht der Zweifel (*dubitatio*) nahe, ein Bedenklichtun in Frageform, wie man des Stoffes, seiner Vielfalt, seiner Furchtbarkeit usw. Herr werden könne: *Equidem ... quo me vertam nescio – negem fuisse illam infamiam iudici corrupti?* – »Ich jedenfalls weiß gar nicht, woran ich mich halten soll – kann ich leugnen, daß es jene schimpfliche Kunde von der Richterbestechung gegeben hat?« (Cicero, Pro Cluentio 4). Auch der Ausruf (*exclamatio*) ist ein vom Üblichen abweichender, rhetorisch bedingter Satztyp; er hebt – oft ohne Prädikat – Wichtiges hervor und bekundet starke Erregung: *O tempora, o mores!* – »Welche Zeiten, welche Sitten!« (Cicero, In Catilinam 1,2).

Zwei weitere Gruppen von Sinnfiguren beruhen auf semantischen Möglichkeiten: das zu Bezeichnende wird zugespitzt und überdeutlich ausgedrückt (zweite Gruppe), oder es wird – umgekehrt – gedämpft, verkleinert oder völlig dem Hörer anheimgegeben (dritte Gruppe). Die wichtigste und häufigste Figur der semantischen Zuspitzung ist die Antithese: ein Gegensatz wird durch semantische Oppositionen scharf herausgearbeitet, und zwar auf der Grundlage eines syntaktischen Parallelismus: *In otio tumultuaris, in tumulto es otiosus; in re frigidissima cales, in ferventissima friges ...* – »In Ruhezeiten bist du aufrührerisch, im Aufruhr ruhig; in einer eiskalten Situation bist du hitzig, in einer glühendheißen kalt ...« (Rhetorik an Herennius 4,21). Eine ins Extrem getriebene Antithese heißt Oxymoron, »scharfsinniger Unsinn«: zwei einander widersprechende Begriffe werden zu einer Einheit zusammengebunden, wie z. B. in dem Sprichwort *Summum ius summa iniuria* – »Recht bis zum äußersten ist äußerstes Unrecht.« Die *correctio* (»Berichtigung«) ist die Figur der semantischen Präzisierung; dadurch, daß zunächst ein ›ungenauer‹ Ausdruck gebracht wird, erhält der zweite, nach Ansicht des Redners treffendere erheblich mehr Relief: *Hic tamen vivit. Vivit? Immo vero etiam in senatum venit* – »Doch dieser Mann lebt. Er lebt? Schlimmer noch: er kommt gar in den Senat« (Cicero, In Catilinam 1,2).

Als Figur der semantischen Zurückhaltung läßt sich zuallererst die *permissio* (»Anheimstellung«) auffassen; man überläßt es dem Ermessen des Richters oder gar des Gegners, wie etwas zu benennen oder zu beurteilen sei. Ein überaus effektvolles Ausdrucksmittel ist die Aposiopese (*reticentia*); der Redende bricht ab, er gibt vor, im letzten Moment eine Verletzung des Anstandes zu vermeiden: *Tu istuc audes dicere, qui nuper alienae domi – non ausim dicere, ne, cum te digna dicerem, me indignum quippiam dixisse videar* – »Du wagst so etwas zu sagen, der du neulich in einem fremden Hause – ich möchte es nicht aussprechen, um nicht, wenn ich sage, was deiner würdig ist, den Eindruck zu erwecken, ich hätte etwas gesagt, was meiner unwürdig ist« (Rhetorik an Herennius 4,41). Schließlich kann man die bekannte *praeteritio* zu den Figuren der semantischen Aussparung rechnen: man gibt vor, einem Hauptpunkte zuzustreben, und erklärt daher, man wolle Unwichtiges übergehen, wobei man es nichtsdestoweniger zur Sprache bringt: *Praetermitto ruinas fortunarum tuarum ... ad illa venio ...* – »Ich lasse auf sich beruhen, daß dir der völlige Zusammenbruch deines Vermögens droht ... ich wende mich den Dingen zu ...« (Cicero, In Catilinam 1,14).

Eine vierte und letzte Gruppe von Sinnfiguren weist die Gemeinsamkeit auf, daß zur Verlebendigung der Rede der Kreis der Beteiligten erweitert, daß An- oder Abwesende, reale oder fiktive Wesen in die Rede einbezogen werden. Die *percontatio* (»Frage«) ist ein Frage-Antwort-Spiel zwischen dem Redner und dem Gegner oder der Zuhörerschaft, wobei der Redner beide Rollen, die des Fragenden und die des Antwortenden, in sich vereinigt: *Domus tibi deerat? At habebas. Pecunia superabat? At egebas* – »Dir fehlte ein Haus? Du hattest doch eins! Du schwammst in Geld? Du warst doch blank!« (Cicero, Orator 223). Die Apostrophe, die Abwendung von den Zuhörern, richtet sich mitunter auch an den meist anwesenden Gegner; ihre Hauptdomäne ist jedoch die beschwörende Anrufung eines nicht anwesenden Zweitpublikums, das aus vergangenen oder erfundenen Personen oder auch aus personifizierten Gegenständen besteht: *Vos enim iam, Albani tumuli atque luci, vos, inquam, imploro atque testor...* – »Denn euch, ihr Höhen und Haine von Alba, ja euch flehe ich jetzt an und bitte ich um Zeugenschaft...« (Cicero, Pro Milone 85). Die Ethopoiie (*sermocinatio*) besteht darin, daß der Redner eine andere Person einführt, ihr ein Stück Rede in den Mund legt und dabei auch deren charakteristische Redeweise nachahmt: *Me quidem, iudices, exanimant et interimunt hae voces Milonis, quas audio adsidue et quibus intersum cottidie. ›Valeant‹, inquit, ›valeant cives mei...‹* – »Mich treffen sie tief und geradezu tödlich, ihr Richter, die Worte Milos, die ich ständig hören und denen ich Tag für Tag Aufmerksamkeit schenken muß: ›Alles Gute meinen Mitbürgern‹, sagt er, ›alles Gute‹« (Cicero, Pro Milone 93). Die Prosopopoiie (*personificatio*) unterscheidet sich von der Ethopoiie dadurch, daß nicht reale, sondern fiktive Personen und zumal personifizierte Gegenstände auftreten, redend oder handelnd: *(Patria) tecum, Catilina, sic agit et quodam modo tacita loquitur: ›Nullum iam aliquot annis facinus exstitit nisi per te, nullum flagitium sine te...‹* – »Das Vaterland, Catilina, spricht so zu dir und erhebt gewissermaßen schweigend seine Stimme: ›Seit einigen Jahren schon ist kein Verbrechen zustande gekommen außer durch dich, keine Schandtat ohne dich...‹« (Cicero, In Catilinam 1,18).

Beim Schmuck in der zusammenhängenden Rede unterschied die antike Theorie, wie am Beispiel Ciceros (De oratore 3,201) dargetan, die Wortfügung nebst Rhythmisierung einerseits sowie die Wort- und Sinnfiguren andererseits. Da die Figuren ein Pendant zu den Tropen sind, wurde diese Materie in unmittelbarem Anschluß an die Tropen erörtert. So bleibt nunmehr noch einiges wenige über das zweite Gebiet nachzutragen, welches das ciceronische Schema dem Schmuck in der zusammenhängenden Rede zuweist, über die Fügung der Wörter im Satz, über die *σύνθεσις* (sýnthesis) / *compositio*, den Periodenbau.

Aristoteles geht in seiner meisterlichen Behandlung dieses Gegenstandes (Rhetorik 3,8–9) von der Maxime aus, daß künstlerisch geformte Prosa weder metrisch sein dürfe noch ohne Rhythmus. Wenn sie metrisch ist, dann ist sie Dichtung; wenn sie unrhythmisch ist, dann ist sie langweilig und schwer verständlich. Sie muß also bis zu einem gewissen Grade rhythmisiert sein und hierbei viel Abwechslung zeigen. Auf die Bestimmung, welche rhythmische Beschaffenheit der rhetorischen Prosa zukomme (sie wird einerseits von der Poesie, andererseits von der Redeweise des Alltags abgegrenzt), läßt Aristoteles die Bestimmung ihrer Struktur, ihrer syntaktischen Beschaffenheit folgen. Er unterscheidet zwei Typen: die anreihende und die in sich abgerundete, d. h. die durch Parataxe und die durch Hypotaxe sich mitteilende Redeweise.

Die anreihende, parataktische Redeweise, die Art, in der Herodot seine Geschichten erzählte, sei altmodisch, meint Aristoteles: sie habe keine Ruhepunkte und vermöge dem Zuhörer wegen ihrer Endlosigkeit keine Befriedigung zu verschaffen. Der in sich abgerundete, hypotaktische Stil realisiert sich in Perioden. Er läßt den Gedanken nicht gradlinig fortschreiten; er bringt vielmehr eine Folge von ›Kreisen‹ hervor: die Periode ist eben dadurch ein »Umgang«, ein kreisförmiges Gebilde, daß die am Anfang befindlichen syntaktischen Elemente eine Spannung erzeugen, die sich erst ganz am Schluß löst, insbesondere durch die Endstellung des Prädikats. Diese Lösung aber bewirkt einen Ruhepunkt, so daß sich die Periode als überschaubare formale Einheit von ihrer Umgebung abheben kann.

Die Periode zeigt im allgemeinen eine sorgsam gegliederte Binnenstruktur. Wenn sie lang genug ist, dann besteht sie aus mehreren sogenannten Kola (*membra*), die wiederum aus Kommata (*incisa*) zusammengesetzt sein können – die griechischen Termini leben fort in den Namen für die entsprechenden Interpunktionszeichen, für das Semikolon und das Komma. Alle diese Einheiten beruhen auf Wortgruppen, die auch in syntaktischer Hinsicht mehr oder weniger eng zusammengehören. Die Gliederung einer Periode ist also stets durch den Sinn bedingt, und der Rhythmus hebt die Sinnfugen hervor, im Unterschied zum Vers, der unabhängig vom Sinn seinen eigenen Gesetzen gehorchen kann.

Die Kola einer Periode wiederholen oft eine bestimmte Struktur, d. h. ein jedes Kolon enthält zwei- oder mehrfach dieselben oder fast dieselben syntaktischen Elemente in derselben Reihenfolge. Wenn die hierbei zur Sprache gebrachten Punkte schlechtweg nebeneinander gestellt werden, dann liegt ein sogenannter Parallelismus vor; wenn die Kola jedoch einander entgegengesetzte Begriffe enthalten, dann bilden sie eine Sinnfigur, die Antithese. Die Strukturwiederholungen innerhalb der Periode werden oft durch rhythmische und klangliche Mittel sinnfällig gemacht. Die strengste Form, die Gleichheit in Silbenzahl und Silbenlänge, heißt Parison; die Klangentsprechungen, insbesondere die auf Homoioteleuta beruhenden, heißen Paromoiose.

Die Strukturwiederholungen können sich über einen einzelnen Satz (im grammatischen Sinne) hinaus über mehrere Sätze erstrecken; dann hindert nichts, eben diese Sätze als Einheit, als rhetorische Periode zu verstehen. Dies gilt z. B. für den Anfang von Ciceros »Erster Rede gegen Catilina«:

Quousque tandem abutere, Catilina, patientia nostra? Quam diu etiam furor iste tuus nos eludet? Quem ad finem sese effrenata iactabit audacia?
Wie lange noch, Catilina, willst du unsere Geduld mißbrauchen? Bis wann soll deine Tollheit uns noch verhöhnen? Wie weit wird zügellose Dreistigkeit sich noch vermessen?

In diesen drei Fragesätzen wird eine aus Fragewort, Subjekt und Prädikat bestehende Struktur präzise wiederholt; sie bilden daher ebenso eine Einheit wie die hieran sich anschließende Periode in Ciceros »Erster Catilinaria«, ein einziger, aus sechs Kola bestehender, die Struktur durch die Anapher *nihil* markierender Satz:

> *Nihilne te nocturnum praesidium Palati, nihil urbis vigiliae, nihil timor populi, nihil concursus bonorum omnium, nihil hic munitissimus habendi senatus locus, nihil horum ora voltusque moverunt?*
> Erschütterte dich nicht der nächtliche Posten auf dem Palatin, nicht die Wachen in der Stadt, nicht die Furcht des Volkes, nicht das Zusammenströmen aller Rechtdenkenden, nicht diese fest verwahrte Stätte der Senatssitzung, nicht die Mienen und Blicke der Anwesenden?

Die Periode tritt eben bei großen Rednern in vielfältiger Form auf – wesentlich ist allein das Prinzip der gegliederten Einheit; ein Ganzes besteht aus einander ähnlichen Teilen, wird hierdurch übersichtlich und bereitet zudem noch einen ästhetischen Genuß. Die Art des Periodenbaus hat offenbar weithin auf der Nachahmung von Vorbildern und auf praktischer Erprobung beruht; die rhetorische Theorie ist auf diesem Felde über einige allgemeine Hinweise nie hinausgekommen.

Quintilians Kapitel über die Wortfügung (9,4) hält für die einschlägigen Vorschriften drei Kategorien bereit: *ordo* – »Anordnung«, *iunctura* – »Verbindung« und *numerus* – »Rhythmus«. Bei der Anordnung gilt es darauf zu achten, daß die Kraft der Rede zu- und nicht abnimmt. Man muß also auf Schwächeres Stärkeres folgen lassen, nicht umgekehrt; man sage daher nicht »Du Tempelschänder, du Dieb«, sondern »Du Dieb, du Tempelschänder«. In der Regel, empfiehlt Quintilian, soll das Prädikat den Satz abschließen, es sei denn, ein anderes Wort verdient durch Endstellung hervorgehoben zu werden. Als Beispiel wird der berühmt-berüchtigte Satz genannt, den Cicero an die Adresse seines Todfeindes Antonius gerichtet hatte (2. Philippica 63): *... ut tibi necesse esset in conspectu populi*

Romani vomere postridie – (»Du hattest so viel Wein hinabgeschüttet,) daß du genötigt warst, dich vor den Augen des römischen Volkes zu erbrechen: noch am folgenden Tage.« Hier bewirkt das an den Schluß gestellte Wort *postridie* eine erhebliche Steigerung: Antonius hatte so viel getrunken, daß er auch am folgenden Tage noch unfähig war, irgendwelche Speisen bei sich zu behalten.

Unter der Rubrik ›Verbindung‹ handelt Quintilian an erster Stelle vom Gebot der Hiatvermeidung. Wenn auf einen Vokal am Ende eines Wortes zu Beginn des nächsten ein weiterer Vokal folgt, dann *hiat et intersistit et quasi laborat oratio* – dann »klafft die Rede auseinander, sie stockt und quält sich gleichsam ab« (§ 33): eine für Heutige kaum noch nachvollziehbare Erfahrung. Doch schon Demosthenes und Cicero haben sich nach Quintilian an diese Vorschrift nicht sonderlich gehalten. Unmittelbar verständlich ist das Kakophonie-Verbot: man vermeide den Zusammenprall gleicher oder ähnlicher rauher Konsonanten und somit Wortkombinationen wie: *ingens stridor, rex Xerxes*. Auch gleiche Silben sollen nicht aufeinander folgen: *O fortunatam natam me consule Romam* (»O glückseliges, unter meinem Konsulat wiedergeborenes Rom!«) lautet das abschreckende Beispiel, ein vielverspotteter Vers aus Ciceros Epos »Über das eigene Konsulat« (§ 41).

Zur Rhythmisierung bemerkt Quintilian mit Recht, daß sie ein schwierigeres Kapitel sei als die Metrik: die Versmaße der Dichtung halten sich an ein einziges, klar umrissenes Prinzip; in der Kunstprosa hingegen herrscht eine schwer definierbare Vielfalt. Es kommt in der Kunstprosa vor allem auf die Satzschlüsse an; dort sollen *clausulae*, »Klauseln«, das Ende markieren und auf einen kurzen Ruhepunkt vorbereiten. Außerdem muß man den Satzanfängen Sorgfalt angedeihen lassen, und in der Mitte meide man Häufungen von Kürzen. Ganze Verse dürfen nicht vorkommen; die Klauseln umfassen zwei, höchstens drei Füße. Aristoteles (Rhetorik 3,8) hatte den

Daktylus als zu feierlich, den Jambus als zu alltäglich und den Trochäus als zu tänzelnd abgelehnt und statt dessen den Päan empfohlen: eine Länge und drei Kürzen oder umgekehrt drei Kürzen und eine Länge. Für Satzanfänge schien ihm der mit der Länge beginnende Päan geeignet: – ∪∪∪ – ∪∪∪ ..., für Satzschlüsse hingegen der mit der Länge endende: ∪∪∪ – ∪∪∪ –. In hellenistischer Zeit bürgerten sich die Klauseln ein, die auch von den Römern übernommen wurden und die daher bei Cicero vorherrschen:

1. Kretikus und Trochäus – ∪ – – ∪ (*collocaretur*);
2. Dikretikus – ∪ – – ∪ – (*cessit audaciae*);
3. Kretikus und Ditrochäus – ∪ – – ∪ – ∪ (*audeat iudicare*).

Anklänge an poetische Maße waren nach wie vor verpönt; Quintilian warnt insbesondere vor dem Schluß des Hexameters (– ∪ ∪ – –) am Satzende (9,4,75).

Die Lehre von den Stilqualitäten war ein Inbegriff von Vorschriften für den rednerischen Ausdruck; die Lehre von den Stilarten hingegen, auf die es nunmehr noch einen kurzen Blick zu werfen gilt, diente vor allem als Instrument der philologischen Kritik, der stilgeschichtlichen Analyse. Kaum ein anderes Stück der rhetorischen Theorie hat solche Folgen auch im Bereich der Poetik gezeitigt. Denn aus der Lehre von den drei Stilarten ging in der Poetik der Renaissance die sogenannte Ständeklausel hervor, jene bis ins 18. Jahrhundert gültige Maxime, daß den verschiedenen Gattungen der Dichtung je verschiedene ständisch bedingte Stoffbereiche und je verschiedene hierzu passende Stilarten zu eigen seien: das Epos und die Tragödie nähmen sich im erhabenen Stil der Schicksale von Göttern, Heroen und Königen an; dem Lehrgedicht komme sowohl in stofflicher als auch in stilistischer Hinsicht die mittlere Stufe zu; Komödie und Hirtendichtung teilten sich in die niedrige Sphäre und stellten in schlichter Stilart die Taten und Leiden der gemeinen Leute dar.

Die Lehre von den Stilarten, die wohl ebenso wie die von den Stilqualitäten auf Theophrast zurückgeht, findet sich zum ersten Male – noch in recht bündiger Form – beim Anonymus an Herennius (4,11–16), dann wieder bei Cicero (Orator 75–99). Sie liegt abgewandelt – um die Kategorie des *δεινόν* (deinón), des heftigen Stils, bereichert – der schwer datierbaren Schrift »De interpretatione«, »Über den Stil«, eines ›Demetrios‹ zugrunde. Die Stilarten heißen *χαρακτῆρες* (charaktḗres) / *genera dicendi*, in der »Herennius-Rhetorik« *figurae*. Ihrer sind in der Regel drei: der *χαρακτὴρ μεγαλοπρεπής* (charaktḗr megaloprepḗs) / das *genus grande (sublime)*, der »erhabene Stil«; der *χαρακτὴρ μέσος* (ch. mésos) / das *genus medium*, der »mittlere Stil«; der *χαρακτὴρ ἰσχνός* (ch. ischnós) / das *genus subtile*, der »schlichte Stil«. Cicero (Orator 69) bezeugt als erster die schon unter dem Stichwort Angemessenheit skizzierte Lehre, welche die drei Stilarten ebensovielen Funktionen der Rede, dem *probare – docere* (»beweisen, belehren«), dem *conciliare – delectare* (»gewinnen, unterhalten«) und dem *movere – flectere* (»erregen, umstimmen«) zuordnet: der schlichte Stil eignet sich vor allem für den an erster Stelle genannten Zweck; der mittlere ist angebracht, wenn der Redner das Publikum für sich einnehmen und bei guter Laune halten möchte; der erhabene schließlich vermag Leidenschaften zu entfesseln und Widerstände zu brechen.

In der Schrift des ›Demetrios‹ werden die Stilarten nach den Gesichtspunkten Inhalt, Wortwahl und Satzbau charakterisiert; dieses Schema liegt auch der folgenden Aufzählung ihrer wichtigsten Merkmale zugrunde. Der schlichte Stil eignet sich für Privatprozesse, für Gegenstände des Alltags, und im Bereich der Redeteile sind ihm vor allem die Erzählung und die Beweisführung zugeordnet – seine Aufgabe ist ja das Belehren und Beweisen. Er bemüht sich um Einfachheit und Deutlichkeit, er meidet jeden auffälligen Schmuck ebenso wie kunstvolle, breit ausladende Perioden und beschränkt sich in seinem Ausdrucksrepertoire auf die Möglichkeiten der gepflegten Umgangssprache.

Die mittlere Stilart nimmt sich ein wenig wie eine gedankliche Konstruktion aus; jedenfalls zeigt sie bei den antiken Theoretikern weit weniger scharfe Konturen als die beiden ihr benachbarten Kategorien. Bestimmte Gegenstände werden kaum für sie namhaft gemacht; man mag annehmen, daß Quintilians Empfehlung, bei der Erzählung furchtbarer oder mitleiderregender Vorgänge noch nicht alle Register zu ziehen, auf nichts anderes zielt als auf eine mittlere Höhenlage (4,2,120). Nach ›Demetrios‹ zeichnet sich der mittlere Stil durch Eleganz, Lieblichkeit und Anmut aus (128–185); diese Charakteristik verträgt sich gut mit seiner Funktion, dem Publikum Vergnügen zu bereiten. Die Anzahl der Tropen und Figuren darf größer sein als in Texten der schlichten Stilart; der leicht rhythmisierte Periodenbau soll nach Glätte und Rundung streben.

Der pathetisch-erhabene Stil ist Gegenständen von hinlänglicher Bedeutsamkeit vorbehalten; er kommt nur in Betracht, wenn es um hohe und höchste Werte, um Tod und Leben, um Ehre und Schimpf der Beteiligten oder um das Wohl und Wehe des Staates geht. Er häuft Glanz, Pracht und Großartigkeit, oder (eine Variante: der heftige Stil des ›Demetrios‹) er strebt nach düsterer Leidenschaftlichkeit. Er verfügt – innerhalb der Grenzen, die der Prosa gesetzt sind – souverän über das erlesenste Vokabular; er nimmt die kunstvollsten Figuren in seinen Dienst und türmt kühn scharf rhythmisierte Perioden. Bei richtiger Verwendung aller dieser Mittel wird der erhabene Stil durchsetzen, wozu er bestimmt ist, er wird wie ein Strom, »der Felsen mit sich reißt, keine Brücke duldet und sich selber seine Ufer schafft, voll brausend den Richter, auch wenn er sich dagegenstemmt, forttragen und ihn zwingen, ihm dorthin zu folgen, wohin er ihn zieht; er wird Tote ins Leben zurückrufen . . . und sogar das Vaterland selbst seine Stimme erheben lassen« (Quintilian 12,10,61).

ANHANG

Aufbauskizzen der wichtigsten rhetorischen Lehrbücher

Anaximenes von Lampsakos, Rhetorik

1–5	*I. Teil: Allgemeine Argumente* (nach Gattungen)
1–2	1. Zu- und abratende Rede (politische Rede)
1	a) Hauptgesichtspunkte (gerecht, gesetzlich, nützlich usw.)
2	b) Gegenstände (Kult, Gesetzgebung usw.)
3	2. Lob und Tadel (Steigerung, Herabsetzung)
4	3. Anklage und Verteidigung
5	4. Prüfung
6–28	*II. Teil: Beweismittel* (nebst Stillehre)
7–14	1. Beweismittel, die sich aus dem Sachverhalt ergeben
7	a) Wahrscheinlichkeit
8	b) Beispiel
9	c) innerer Widerspruch
	usw.
14–17	2. Zusätzliche Beweismittel
14	a) Auffassung des Redenden
15	b) Zeugenaussage
16	c) Aussage unter Folter
	usw.
18–28	3. (Stilmittel)
18	a) Vorwegnahme
19	b) Appell an die Zuhörer
20	c) Zusammenfassung
21	d) Ironie
	usw.
29–37	*III. Teil: Spezielle Argumente* (nach den Redeteilen der Gattungen)
29–34	1. Redeteile der zu- und abratenden Rede
29	a) Einleitung
30–31	b) Erzählung
32	c) Beweisführung
	usw.
35	2. Redeteile des Lobes und des Tadels
36	3. Redeteile der Anklage und der Verteidigung
37	4. Redeteile der Prüfung
38	Anhang

Aristoteles, Rhetorik

I	1	Einleitung: Überzeugungsmittel als Gegenstand der Rhetorik
	2	Gliederungen:
		A. Untechnische und technische Überzeugungsmittel
		B. Arten der technischen Überzeugungsmittel:
		1. Präsentation einer bestimmten Mentalität (Ethos)
		2. Appell an die Emotionen der Zuhörer (Pathos)
		3. Rationale oder scheinbar rationale Beweise (Enthymeme)
		C. Arten der rationalen Beweise:
		1. Spezielle Argumente (nach Gattungen)
		2. Allgemeine Argumente
	3–15	C. 1.: Spezielle Argumente
	3	Gattungen der Rede
	4–8	a) Volksrede
	9	b) Festrede
	10–14	c) Gerichtsrede
	15	d) Anhang: untechnische Überzeugungsmittel
II	1–11	B.2.: Emotionen (der Zuhörer)
	12–17	B.1.: Mentalitäten (des Redners)
	18–26	C.2.: Allgemeine Argumente
III	1–12	Stilmittel
	13–19	Anordnung (Vorschriften für die Redeteile)

Rhetorik an Herennius

I 1	Einleitung
2–4	Hauptschemata
I 4 – III 15	A. Lehre von der Stoffauffindung
I 4 – II 50	I. Gerichtsrede
I 4–11	1. Einleitung
12–16	2. Erzählung
17	3. Ankündigung des Beweisziels
I 18 – II 46	4./5. Beweisführung / Widerlegung
I 18	a) Status der Mutmaßung
19–23	b) Status der Gesetzmäßigkeit
	aa) Wortlaut und Sinn
	bb) Widersprüchliche Gesetze
	cc) Doppeldeutigkeit
	dd) Definition
	ee) Übertragung des Verfahrens
	ff) Analogieschluß
24–25	c) Status der Beschaffenheit
25–27	d) allgemeine Lehren zu den Status
II 1–26	a')–c') Beweistopik zu den Status a)–c)
27–46	Anhang: formale Bestandteile des Beweises
47–50	6. Schluß der Rede
III 1–9	II. Volksrede
	1.–6. Einleitung, Erzählung usw.
10–15	III. Festrede
	1.–6. Einleitung, Erzählung usw.
16–18	B. Lehre von der Stoffgliederung
19–27	C. Lehre vom Vortrag
19–25	I. Modulation der Stimme
26–27	II. Mimik und Gestik
28–40	D. Lehre vom Auswendiglernen
IV 1–69	E. Lehre vom Stil
1–10	I. einleitende Darlegungen
11–16	II. Stilarten
17–69	III. Stilqualitäten
17	1. ›Eleganz‹ (Sprachrichtigkeit und Klarheit)
18	2. Wortfügung
18–69	3. Schmuck
19–46	a) Wortfiguren
47–69	b) Sinnfiguren

Cicero, De inventione

I	1–5	Einleitung
	5–9	Grundbegriffe
I	10 – II 178	Lehre von der Stoffauffindung
I	10–19	A. Lehre von den Status
	19–109	B. Lehre von den Redeteilen
	19–26	1. Einleitung
	27–30	2. Erzählung
	31–33	3. Ankündigung des Beweisziels
	34–77	4. Beweisführung
	78–96	5. Widerlegung
	97–109	6. Schluß der Rede
II	1–10	Einleitung
	11–178	C. Argumentationstechnik
	11–154	1. Gerichtsrede
	14–51	a) Status der Mutmaßung
	52–56	b) Status der Definition
	57–61	c) Status der Übertragung des Verfahrens
	62–115	d) Status der Beschaffenheit
	116–154	e) Gesetzes- und Vertragsauslegung
	157–176	2. Volksrede
	177–178	3. Festrede

Cicero, De oratore

I	1–23	Vorrede des Autors
	24–29	Szenerie des Dialogs
	30–95	1. Vier einführende Vorträge:
	30–34	a) Crassus: Preis der Beredsamkeit
	35–44	b) Scaevola: Einwände gegen den Preis
	45–73	c) Crassus: Widerlegung der Einwände (3 Gedankenreihen: 48–51, 52–59, 59 ff.)
	74–95	d) Antonius: Bericht über den Streit der griechischen Philosophen und Rhetoren
	96–203	2. Hauptvortrag des Crassus (maximale Anforderungen)
	96–159	a) Voraussetzungen für rednerisches Wirken: Begabung (113–133), Theorie (134–146), Übung und Sachkenntnisse (147–159)
	160–203	b) Erfordernis juristischer Kenntnisse
	204–265	3. Hauptvortrag des Antonius (Gegenposition: minimale Anforderungen)
II	1–11	Vorrede des Autors
	12–28	Szenerie des Dialogs
	28–113	1. Einleitende Darlegungen des Antonius:
	28–38	a) Preis der Beredsamkeit
	39–84	b) Reduktion der Beredsamkeit auf Volks- und Gerichtsreden
	85–113	c) Vorschläge für eine praxisnahe Ausbildung des Redners
	114–367	2. Hauptvortrag des Antonius
	114–306	a) Stoffauffindung (*inventio*)
	114–177	aa) Beweisen (*probare)*
	178–184	bb) Geneigtmachen (*conciliare)*
	185–216	cc) Erregen (*movere)*
	216–290	Exkurs: Caesar über den Witz
	307–349	b) Ankündigung des Beweisziels (*dispositio)*
	350–367	c) Auswendiglernen (*memoria)*
III	1–16	Vorrede des Autors
	17–18	Szenerie des Dialogs
	19–53	1. Hauptvortrag des Crassus, 1. Hälfte: Stil (*elocutio)*
	19–37	a) einleitende Bemerkungen
	37–53	b) Sprachrichtigkeit und Klarheit (*Latine, plane dicere)*
	54–143	2. ›Exkurs‹

54–81	a) Ausführungen des Crassus (3 Gedankenreihen: 53–62, 63–71, 72–81)
82–90	b) Zwischengespräch
91–143	c) Ausführungen des Crassus (4 Gedankenreihen: 91–95, 96–108, 109–125, 126–143)
144–230	3. Hauptvortrag des Crassus, 2. Hälfte: Stil (Fortsetzung), Vortrag (*actio*)
144–209	a) Schmuck (*ornate dicere*)
210–212	b) Angemessenheit (*aptum*)
213–230	c) Vortrag

Quintilian, Institutio oratoria

I		Grammatik, ferner Musik und Geometrie
II	1–9	erste rhetorische Übungen
	10–21	Grundlagen und Grenzen der rhetorischen Theorie
III		Einführung in das rhetorische System
IV–VI		Redeteile
IV	1	1. Einleitung
	2	2. Erzählung
	3	3. Exkurs
	4	4. Ankündigung des Beweisziels
IV 5–V		5. Beweisführung
V	1–7	a) untechnische Beweise
	8–14	b) technische Beweise
VI	1	6. Schluß der Rede
	2–5	Anhänge: Pathos, Ethos, Witz u. a.
VII		Statuslehre
	2	1. Status der Mutmaßung
	3	2. Status der Definition
	4	3. Status der Beschaffenheit
	5–9	4. Gesetzes- und Vertragsauslegung
VIII–XI 1		Stil
VIII	1	1. Sprachrichtigkeit
	2	2. Klarheit
VIII 3–IX 4		3. Schmuck
X		Anhänge: Lektürekanon des angehenden Redners u. a.
XI	1	4. Angemessenheit
	2	Auswendiglernen
	3	Vortrag
XII	1–9	Der Redner, sein Charakter, sein Allgemeinwissen u. a.
	10	Stilarten

LITERATURHINWEISE

Quellen (Lehrbücher, Musterreden)

Artium scriptores (Reste der voraristotelischen Rhetorik), hg. von L. Radermacher (SB Österreich. Ak. d. Wiss., Phil.-hist. Kl. 227,3), Wien 1951 (Sammlung der Zeugnisse und Fragmente, enthält u. a. die Musterreden des Gorgias).

Rhetores Graeci, hg. von L. Spengel, 3 Bde. (Bibliotheca Teubneriana), Leipzig 1853–56 und

Rhetores Graeci, Bd. 1,2, hg. von C. Hammer (ebendort), Leipzig 1894 (Sammlungen, nur noch für die Texte von Bedeutung, von denen keine neueren Einzelausgaben vorliegen, z. B. für die Abhandlung des Minukianos).

Antipho, Orationes et fragmenta, hg. von Th. Thalheim (ebendort), Leipzig 1914.

Antipho, Tetralogiae, hg. von F. D. Caizzi, Mailand-Varese 1969 (mit italienischer Übersetzung).

Isocrate, Discours, hg. von G. Mathieu – E. Brémond, 4 Bde. (Collection Budé), Paris 1956–62$^{1-4}$ (mit französischer Übersetzung).

Anaximenes, Ars rhetorica, hg. von M. Fuhrmann (Bibliotheca Teubneriana), Leipzig 1966.

[Anaximenes:] Aristotle, Problems II, hg. von W. S. Hett – Rhetorica ad Alexandrum, hg. von H. Rackham (The Loeb Classical Library), London-Cambridge (Mass.) 1957 (mit englischer Übersetzung).

Aristoteles, Ars rhetorica, hg. von R. Kassel, Berlin-New York 1976.

Aristoteles, Rhetorik, übers. v. F. G. Sieveke (UTB), München 1980.

Aristoteles, De arte poetica liber, hg. von R. Kassel (Oxford Classical Texts), Oxford 1965.

Aristoteles, Poetik, hg. von M. Fuhrmann (Reclam), Stuttgart 1982 (mit deutscher Übersetzung).

Hermagoras, Fragmente, hg. von Dieter Matthes (Bibliotheca Teubneriana), Leipzig 1962.

Demetrius Phalereus, De elocutione libellus, hg. von L. Radermacher, Leipzig 1901.

Dionysius Halicarnaseus, Quae exstant, Bd. 5–6: Opuscula (rhetorica), hg. von H. Usener – L. Radermacher (Bibliotheca Teubneriana), Leipzig 1899–1904.

Hermogenes, De statibus, hg. von G. Kowalski (Prace Wroclawskiego Towarzystwa Naukowego A,1), Breslau 1947.

Rhetores Latini minores, hg. von C. Halm, Leipzig 1863 (enthält u. a. De rhetorica von Ps.-Augustinus).

[Anonymus ad Herennium:] Incerti auctoris de ratione dicendi ad C. Herennium l. IV, hg. von Fr. Marx (Bibliotheca Teubneriana: Cicero, Scripta quae manserunt omnia 1), Leipzig 1923.

Ps.-Cicero, Ad C. Herennium de ratione dicendi, hg. von H. Caplan (The Loeb Classical Library), London-Cambridge (Mass.) 1954 (mit englischer Übersetzung).

Cicero, Rhetorici libri qui vocantur De inventione, hg. von R. Ströbel (Bibliotheca Teubneriana: Cicero, Scripta quae manserunt omnia 2), Leipzig 1915.

Cicero, De inventione / De optimo genere oratorum / Topica, hg. von H. M. Hubbell (The Loeb Classical Library), London-Cambridge (Mass.) 1949 (mit englischer Übersetzung).

Cicero, Rhetorica, hg. von A. S. Wilkins, 2 Bde. (1: De oratore; 2: Brutus, Orator, De optimo genere oratorum, Partitiones oratoriae, Topica) (Oxford Classical Texts), Oxford 1902–03.

Cicero, De oratore, hg. von H. Merklin (Reclam), Stuttgart 1978 (mit deutscher Übersetzung).

Cicero, De oratore l. III, Kommentar von A. D. Leeman – H. Pinkster, Bd. 1: Buch 1,1–165; Bd. 2: Buch 1,166–Buch 2,98, Heidelberg 1981–85.

Cicero, Brutus, erklärt von O. Jahn – W. Kroll – B. Kytzler, Zürich-Berlin 1964[7].

Cicero, Brutus, hg. von B. Kytzler (Tusculum), München 1977[4] (mit deutscher Übersetzung).

Cicero, Orator, erklärt von W. Kroll, Berlin 1913.

Cicero, Orator, hg. von B. Kytzler (Tusculum), München 1980[2] (mit deutscher Übersetzung).

The Elder Seneca, Declamations, hg. von M. Winterbottom, 2 Bde. (The Loeb Classical Library), London-Cambridge (Mass.) 1974 (mit englischer Übersetzung).

Quintilianus, Institutio oratoria, hg. von M. Winterbottom, 2 Bde. (Oxford Classical Texts), Oxford 1970.

Quintilianus, Ausbildung des Redners, hg. von H. Rahn, 2 Bde., Darmstadt 1972–75 (mit deutscher Übersetzung).

Ps.-Quintilianus, Declamationes maiores, hg. von L. Håkanson (Bibliotheca Teubneriana), Stuttgart 1982.

Ps.-Quintilianus, Declamationes (minores), hg. von C. Ritter (ebendort), Leipzig 1884.

Tacitus, Dialogus de oratoribus, in: Libri qui supersunt 2,4, hg. von H. Heubner (Bibliotheca Teubneriana), Stuttgart 1983.

Tacitus, Gespräch über die Redner, hg. von H. Volkmer (Tusculum), München 1979[3] (mit deutscher Übersetzung).

Tacitus, Dialog über die Redner, in:

Agricola, Germania, Dialogus de oratoribus – Die historischen Versuche, übersetzt von K. Büchner, bearbeitet von R. Häussler, Stuttgart 1985³.

Darstellungen und Untersuchungen

Allgemein:

F. Blass, Die attische Beredsamkeit, 3 Teile in 4 Bden., Leipzig 1887–98².

D. L. Clark, Rhetoric in Greco-Roman Education, New York-London 1957.

M. L. Clarke, Rhetoric at Rome, New York 1962² (deutsch: Die Rhetorik bei den Römern, Göttingen 1968).

W. Eisenhut, Einführung in die antike Rhetorik und ihre Geschichte, Darmstadt 1974 (hierzu die Besprechung im Anzeiger für Altertumswissenschaft 32, 1979, 77–78).

K. Heldmann, Antike Theorien über Entwicklung und Verfall der Redekunst (Zetemata 77), München 1982.

H. Hommel, Rhetorik, in: Lexikon der alten Welt, Zürich-Stuttgart 1965, 2611–2626 (ausgezeichneter Überblick).

G. Kennedy, The Art of Persuasion in Greece, Princeton (N.J.) 1963 (grundlegend).

Ders., The Art of Rhetoric in the Roman World 300 B. C. – A. D. 300, Princeton (N.J.) 1972.

W. Kroll, Rhetorik, in: Realencyclopädie der classischen Altertumswissenschaft (Pauly-Wissowa), Suppl.-Bd. 7, Stuttgart 1940, 1039–1138.

H. Lausberg, Handbuch der literarischen Rhetorik, 2 Bde., München 1973².

Ders., Elemente der literarischen Rhetorik, München 1976⁵.

A. D. Leeman, Orationis ratio – The stylistic Theories and Practice of Roman Orators, Historians and Philosophers, 2 Bde., Amsterdam 1963.

H. I. Marrou, Histoire de l'éducation dans l'antiquité, Paris 1965⁶ (deutsch, nach der 3. Auflage, 1955: Geschichte der Erziehung im klassischen Altertum, Freiburg-München 1957).

J. Martin, Antike Rhetorik (Handbuch der Alterstumswissenschaft II,3), München 1974 (hierzu die Besprechung im Anzeiger für Altertumswissenschaft 32, 1979, 76–77).

E. Norden, Die antike Kunstprosa, 2 Bde., Leipzig 1923⁴.

G. Ueding – B. Steinbrink, Grundriß der Rhetorik, Stuttgart 1986².

R. Volkmann, Die Rhetorik der Griechen und Römer in systematischer Übersicht, Leipzig 1885² (veraltet, aber noch stets unentbehrlich).

Einzelne Gebiete:

Anfänge:

O. Navarre, Essai sur la rhétorique grecque avant Aristote, Paris 1900.

H. Gomperz, Sophistik und Rhetorik – Das Bildungsideal des *εὖ λέγειν* in seinem Verhältnis zur Philosophie des 5. Jahrhunderts, Leipzig-Berlin 1912.

D. A. G. Hinks, Tisias and Corax and the Invention of Rhetoric, in: Classical Quarterly 34, 1940, 61–69.

G. A. Kennedy, The Earliest Rhetorical Handbooks, in: American Journal of Philology 80, 1959, 169–178.

O. A. Baumhauer, Die sophistische Rhetorik, Stuttgart 1986.

System:

L. Spengel, Die Definition und Eintheilung der Rhetorik bei den Alten, in: Rheinisches Museum 18, 1863, 481–526.

K. Barwick, Die Gliederung der rhetorischen *Τέχνη* und die horazische Epistula ad Pisones, in: Hermes 57, 1922, 1–62.

M. Fuhrmann, Das systematische Lehrbuch – Ein Beitrag zur Geschichte der Wissenschaften in der Antike, Göttingen 1960.

Redegattungen, Redeteile:

K. Alewell, Über das rhetorische *παράδειγμα*, Leipzig 1913.

P. Hamberger, Die rednerische Disposition in der alten *τέχνη ῥητορική* (Rhetorische Studien 2), Paderborn 1914.

F. Schupp, Zur Geschichte der Beweistopik in der älteren griechischen Gerichtsrede, in: Wiener Studien 45, 1926/27, 17–28 und 173–185.

K. Barwick, Die Gliederung der narratio in der rhetorischen Theorie und ihre Bedeutung für die Geschichte des antiken Romans, in: Hermes 63, 1928, 261–287.

W. Hofrichter, Studien zur Entwicklungsgeschichte der Deklamation, Diss. Breslau 1935.

D. A. G. Hinks, Tria genera causarum, Classical Quarterly 30, 1936, 170–176.

W. Kroll, Das Epicheirema (SB Österr. Ak. d. Wiss., Phil.-hist. Kl. 216,2), Wien 1936.

S. F. Bonner, Roman Declamation in the Late Republic and Early Empire, Liverpool 1949.

V. Buchheit, Untersuchungen zur Theorie des Genos Epideiktikon von Gorgias bis Aristoteles, München 1960.

I. Beck, Untersuchungen zur Theorie des Genos Symbuleutikon, Diss. Hamburg 1970.

J. Soffel, Die Regeln Menanders für die Leichenrede (Beiträge zur klassischen Philologie 57), Meisenheim am Glan 1974.

Hermagoras, die Status und Verwandtes:

H. Throm, Die Thesis – Ein Beitrag zu ihrer Entstehung und Geschichte (Rhetorische Studien 17), Freiburg i. Br. 1932.

J. Stroux, Römische Rechtswissenschaft und Rhetorik, Potsdam 1949.

E. Meyer, Die Quaestionen der Rhetorik und die Anfänge juristischer Methodenlehre, in: Zeitschrift der Savigny-Stiftung für Rechtsgeschichte, Romanistische Abteilung 68, 1951, 30–73.

D. Matthes, Hermagoras von Temnos 1904–1955, in: Lustrum 1958,3, Göttingen 1959, 58–214.

M. Fuhrmann, Philologische Bemerkungen zur Sentenz ›Summum ius summa iniuria‹, in: Studi in onore di Volterra, Bd. 2, Mailand 1969, 53–81.

K. Barwick, Zur Rekonstruktion der Rhetorik des Hermagoras von Temnos, in: Philologus 109, 1965, 186–218.

Theophrast, die Stilistik und Verwandtes:

U. von Wilamowitz-Moellendorff, Attizismus und Asianismus, in: Hermes 35, 1900, 1–52, Nachdruck in: Rhetorika, s. u. (Aristoteles), 350–401.

G. L. Hendrickson, The Origin and Meaning of the Ancient Characters of Style, in: American Journal of Philology 26, 1905, 249–290.

J. Stroux, De Theophrasti virtutibus dicendi, Leipzig 1912.

A. W. de Groot, Der antike Prosarhythmus, Groningen 1921.

L. Voit, *Δεινότης* – Ein antiker Stilbegriff, Leipzig 1934.

F. Wehrli, Der erhabene und der schlichte Stil in der poetisch-rhetorischen Theorie der Antike, in: Phyllobolia für P. von der Mühll, Basel 1946, 9–34.

G. A. Kennedy, Theophrastus and Stylistic Distinctions, in: Harvard Studies in Classical Philology 62, 1957, 93–104.

F. Quadlbauer, Die genera dicendi bis Plinius d. J., in: Wiener Studien 71, 1958, 55–111.

Walter Schmid, Über die klassische Theorie und Praxis des antiken Prosarhythmus (Hermes-Einzelschriften 12), Wiesbaden 1959.

M. Fuhrmann, Obscuritas – Das Problem der Dunkelheit in der rhetorischen und literarästhetischen Theorie der Antike, in: Immanente Ästhetik und ästhetische Reflexion (Poetik und Hermeneutik 2), hg. von W. Iser, München 1966, 47–72.

A. Primmer, Cicero numerosus – Studien zum antiken Prosarhythmus (SB Österreich. Ak. d. Wiss., Phil.-hist. Kl. 257), Wien 1968.

W.-D. Lebek, Zur rhetorischen Theorie des Archaismus, in: Hermes 97, 1969, 57–78.

A. Scaglione, The Classical Theory of Composition from its Origins to the Present, Chapel Hill 1972 (deutsch: Komponierte Prosa von der

Antike bis zur Gegenwart, Bd. 1: Die Theorie der Textkomposition in den klassischen und den westeuropäischen Sprachen, Stuttgart 1981).

Wirkungsgeschichte:

W. Jens, Rhetorik, in: Reallexikon der deutschen Literaturgeschichte (Merker-Stammler), hg. von W. Kohlschmidt – W. Mohr, Bd. 3, Berlin-New York 1977, 432–456 (mit ausführlicher Bibliographie).

Rhetorik – Beiträge zu ihrer Geschichte in Deutschland vom 16.–20. Jahrhundert, hg. von H. Schanze, Frankfurt/M. 1974.

Gudrun Fey, Das Antike an der modernen Rhetorik, Stuttgart 1979.

G. A. Kennedy, Classical Rhetoric and its Christian and Secular Tradition from Ancient to Modern Times, Chapel Hill 1980.

M. Fuhrmann, Rhetorik und Öffentlichkeit – Über die Ursachen des Verfalls der Rhetorik im ausgehenden 18. Jahrhundert (Konstanzer Universitätsreden 147), Konstanz 1983.

Einzelne Autoren:

Antiphon:

R. Maschke, Die Willenslehre im griechischen Recht, Berlin 1926.

Isokrates:

H. Wersdörfer, Die *φιλοσοφία* des Isokrates im Spiegel ihrer Terminologie – Untersuchungen zur frühattischen Rhetorik und Stillehre (Klassisch-philologische Studien 13), Leipzig 1940.

W. Steidle, Redekunst und Bildung bei Isokrates, in: Hermes 80, 1952, 257–296.

E. Mikkola, Isokrates – Seine Anschauungen im Lichte seiner Schriften (Annal. Acad. scient. Fenn. Ser. B, 89), Helsinki 1954.

K. Bringmann, Studien zu den politischen Ideen des Isokrates (Hypomnemata 14), Göttingen 1965.

Anaximenes:

P. Wendland, Anaximenes von Lampsakos, Berlin 1905.

M. Fuhrmann, Untersuchungen zur Textgeschichte der pseudoaristotelischen Alexander-Rhetorik (der *Τέχνη* des Anaximenes von Lampsakos) (Ak. d. Wiss. u. d. Lit. Mainz, Abh. d. geistes. u. sozialwiss. Kl. 1964, 7), Wiesbaden 1964.

K. Barwick, Die »Rhetorik ad Alexandrum« und Anaximenes, Isokrates, Aristoteles und die Theodekteia, in: Philologus 110, 1966, 212–245; 111, 1967, 47–55.

Platon:

H. Raeder, Platon und die Rhetoren (Danske Vidensk. Selskab, Filos. Meddelelser 2,6), Kopenhagen 1956.

E. L. Hunt, Plato and Aristotle on Rhetorik and Rhetoricians, in: Historical Studies of Rhetoric and Rhetoricians, hg. von R. F. Howes, Ithaca (N.Y.) 1965, 19–70.

Aristoteles:

L. Spengel, Über die Rhetorik des Aristoteles (Abh. Bayer. Ak. d. Wiss., Philos.-philol. Kl. I 6,2), München 1851, 455–513.

H. Diels, Über das dritte Buch der aristotelischen Rhetorik (Abh. Berl. Ak. d. Wiss., Phil.-hist. Kl. 1886, 4), Berlin 1886, 1–34, Nachdruck in: Rhetorika, s. u., 1–35.

Fr. Marx, Aristoteles' Rhetorik (Ber. über d. Verh. Sächs. Ges. d. Wiss., Phil.-hist. Kl. 52), Leipzig 1900, 241–328, Nachdruck in: Rhetorika, s. u., 36–123.

Fr. Solmsen, Die Entwicklung der aristotelischen Logik und Rhetorik (Neue philologische Untersuchungen 4), Berlin 1929.

Ders., The Aristotelian Tradition in Ancient Rhetoric, in: American Journal of Philology 62, 1941, 35–50 und 169-190, Nachdruck in: Rhetorika, s. u., 312–349.

Rhetorika – Schriften zur aristotelischen und hellenistischen Rhetorik, hg. von R. Stark, Hildesheim 1968.

W. M. A. Grimaldi, Studies in the Philosophy of Aristotle's Rhetoric (Hermes-Einzelschriften 25), Wiesbaden 1972.

J. Sprute, Topos und Enthymem in der aristotelischen Rhetorik, in: Hermes 103, 1975, 68–89.

Rhetorik an Herennius / Cicero, De inventione:

G. Herbolzheimer, Ciceros rhetorici libri und die Lehrschrift des Auctor ad Herennium, in: Philologus 81, 1926, 391–426.

J. Adamietz, Ciceros De inventione und die Rhetorik ad Herennium, Diss. Marburg 1960.

P. L. Schmidt, Die Anfänge der institutionellen Rhetorik in Rom, in: Monumentum Chiloniense – Kieler Festschrift für E. Burck, hg. von E. Lefèvre, Amsterdam 1975, 183–216.

Cicero:

H. K. Schulte, Orator – Untersuchungen über das ciceronianische Bildungsideal, Frankfurt/M. 1935.

B. Riposati, Studi sui ›Topica‹ di Cicerone, Mailand 1947.

A. Michel, Rhétorique et philosophie chez Cicéron, Paris 1960.

K. Barwick, Das rednerische Bildungsideal Ciceros (Abh. Sächs. Ak. d. Wiss. Leipzig, Phil.-hist. Kl. 54,3), Berlin 1963.

Chr. Neumeister, Grundsätze der forensischen Rhetorik gezeigt an Gerichtsreden Ciceros (Langue et Parole 3), München 1964.

E. Burck, Ciceros rhetorische Schriften, in: Der altsprachliche Unterricht 9,1, 1966, 98–128.

A. E. Douglas, The Intellectual Background of Cicero's Rhetorica – A Study in Method, in: Aufstieg und Niedergang der römischen Welt I,3, Berlin – New York 1973, 95–138 (mit Bibliographie zu Ciceros Rhetorica).

W. Stroh, Taxis und Taktik – Die advokatische Dispositionskunst in Ciceros Gerichtsreden, Stuttgart 1975.

Eloquence et rhétorique chez Cicéron (Entretiens sur l'Antiquité classique 28), hg. von O. Reverdin – B. Grange, Vandoeuvres – Genève 1982.

C. J. Classen, Recht – Rhetorik – Politik: Untersuchungen zu Ciceros rhetorischer Strategie, Darmstadt 1985.

Seneca d. Ä.:

H. Bornecque, Les déclamations et les déclamateurs d'après Sénèque le père, Lille 1902.

A. F. Sochatoff, Basic Rhetorical Theories of the Elder Seneca, The Classical Journal 34, 1938/39, 345–354.

J. E. G. Whitehorne, The Elder Seneca – A Review of Past Work, Prudentia 1, 1969, 14–27.

Quintilian:

F. Sehlmeyer, Die Beziehungen zwischen Quintilians »Institutiones oratoriae« und Ciceros rhetorischen Schriften, Diss. Münster 1912.

J. Cousin, Etudes sur Quintilien, 2 Bde., Paris 1935–36.

G. Kennedy, Quintilian, New York 1969.

M. Winterbottom, Problems in Quintilian, London 1970.

H. Rahn, Quintilian, in: Die Großen der Weltgeschichte, hg. von K. Fassmann, Bd. 2, Zürich 1972, 380–391.

K. Heldmann, Dekadenz und literarischer Fortschritt bei Quintilian und Tacitus, in: Poetica 12, 1980, 1–23.

J. Kopperschmidt, Quintilians De argumentis, in: Rhetorik 2, 1981, 59–74.

Tacitus:

R. Güngerich, Der Dialogus des Tacitus und Quintilians Institutio oratoria, in: Classical Philology 46, 1951, 159–164, Nachdruck in: Tacitus, s. u., 349–360.

K. Barwick, Der Dialogus de oratoribus des Tacitus – Motive und Zeit seiner Entstehung (Ber. über d. Verh. d. Sächs. Ak. d. Wiss. Leipzig, Phil.-hist. Kl. 101,4), Berlin 1954.

Tacitus, hg. von V. Pöschl (Wege der Forschung 97), Darmstadt 1969, 298–387.

K. Bringmann, Aufbau und Absicht des taciteischen Dialogus de oratoribus, in: Museum Helveticum 27, 1970, 164–178.